LENA SCHILLING

RADIKALE WENDE

LENA SCHILLING

Radikale
WENDE

Weil wir eine Welt
zu gewinnen haben

Mit einem Vorwort von Konstantin Wecker
und einem Gastbeitrag von Johannes Stangl

Amalthea
Verlag

 **PurePrint®**
innovated by gugler* DruckSinn
Gesund. Rückstandsfrei. Klimapositiv.
drucksinn.at

 MIX
Papier aus verantwor-
tungsvollen Quellen
FSC® C005108

 print 4 climate

 – produziert nach den Richtlinien des Österreichischen
Umweltzeichens, Gugler GmbH, UW-Nr. 609, www.gugler.at

Der Umwelt zuliebe #ohnefolie

Besuchen Sie uns im Internet unter: amalthea.at

© 2022 by Amalthea Signum Verlag GmbH, Wien
Alle Rechte vorbehalten
Umschlaggestaltung und Satz: Johanna Uhrmann
Umschlagfoto: © Christian Eder
Lektorat: Gudrun Likar
Herstellung: VerlagsService Dietmar Schmitz GmbH,
Heimstetten
Gesetzt aus Dolly, Museo und Alegreya
Designed and printed in Austria
ISBN 978-3-99050-231-0

FÜR ALLE KÜNFTIGEN AKTIVIST:INNEN
UND JETZT SCHON AKTIVEN,
FÜR ALLE, DIE NACH HOFFNUNG SUCHEN
IN EINER WELT, IN DER WIR ZYNISCH
WERDEN KÖNNTEN.

Inhalt

Vorwort

„Ich singe, weil ich ein Lied hab" heißt eines meiner allerersten Lieder. „Nicht, weil es euch gefällt." Und das ist mein künstlerisches Lebens- und Überlebensmotto geblieben.

Und ich hörte nie auf zu träumen von einer herrschaftsfreien Welt, „wo der Menschen Miteinander unser Sein zusammenhält". Ich werde auch nicht aufhören, diesen Traum von Utopia weiter zu träumen.

Wie freue ich mich nun, trotz aller erschreckenden politischen und sozialen Entwicklungen des neuen Jahrtausends, vor allem in den vielen Aktivist:innen von Fridays for Future und den globalen Bewegungen für Klimagerechtigkeit, gegen das Patriarchat und den Krieg junge Menschen im Gespräch und schriftlich zu erleben, die von Utopia nicht nur träumen, sondern sich mit Herz und Seele dafür einsetzen, „dass diese Welt nie ende".

Ich habe „Radikale Wende – Weil wir eine Welt zu gewinnen haben" der Wiener Klimaaktivistin Lena Schilling geradezu verschlungen – zeigt es uns doch einmal mehr das uns Alte vielfach beschämende großartige empathische Engagement vieler junger Menschen von heute. Lena schreibt als Aktivistin aus dem Alltag, aus ihrem Lebensumfeld, und sie bringt die Sichtweisen aus diesem Umfeld differenziert ein. Stichworte wie Streik, Klimakrise, Demo, Profit, Club of Rome oder „Lobau? Bleibt!" werden mitten aus dem Leben betrachtet, in Aussagen und Handlungen unmittelbar Beteiligter, Menschen wie du und ich.

9

Ambitioniert schreibt Lena, dass sie mit ihrem Buch erreichen möchte, „warum du, wenn du es noch nicht bist, aktiv werden solltest".

Und sie konkretisiert: „Politisch aktiv zu werden und selbst zu beginnen, die Gesellschaft zu verändern, ist die einzige Lösung für die Klimakrise. Aber wie? Indem wir erkennen, dass es die eine richtige Antwort nicht gibt, sondern bloß eine Sammlung von Ideen, basierend auf historischen und eigenen Erfahrungen, wie wir diese Welt gemeinsam verändern können."

Das ist genau der Ansatz, dem ich von Herzen gerne zustimme: Wir müssen es gemeinsam und von unten tun. Als älterer Träumer und Künstler möchte ich deshalb allen den Rat geben: Bewahren wir uns als Aktivist:innen unsere Autonomie und Unabhängigkeit, lasst uns an einer globalen und horizontalen Solidarität gegen alle imperialen Mächte arbeiten. Wir müssen gerade erleben, wie schnell wir von Politiker:innen wieder Atomkraft, Kohle, Waffen und soziale Ungerechtigkeit verkauft bekommen, die sich mit grünen Versprechungen haben an die Macht wählen lassen.

Auf meiner Reise nach Utopia werde ich weiter für eine herrschaftsfreie Welt kämpfen, denn nur eine sozial gerechte Welt solidarischer Menschen wird uns von Kriegen, Klimawandel, Rassismus, Patriarchat und Kapitalismus befreien.

Eine weltweite Bewegung von unten halte ich für viel realistischer als die tödliche und zerstörerische Machtpolitik der Militärblöcke. Denn nur eine solche Bewegung kann das jahrtausendealte Patriarchat stoppen, das sich vor allem auch durch Kriege und militärischen Gehorsam immer wieder aufs Neue an der Macht hält.

Lenas Buch möge uns alle motivieren, weiter an Utopia zu glauben und alles dafür zu tun, die Welt für die kommenden Generationen nicht nur erträglich, sondern lebenswert zu gestalten.

Konstantin Wecker

Einführung

Es ist der 3. September 2021, 13:34 Uhr, in Hirschstetten, einem Teil von Donaustadt, dem 22. Wiener
Gemeindebezirk. Die Mittagssonne steht hoch am
Himmel und brennt auf die Baustelle der Stadtstraße herab. Sie ist Teil eines umstrittenen Autobahn-
projekts am Rande der Stadt, das ein Naturschutzgebiet – die Lobau – untertunneln soll. Neben mir
rauschen im Sekundentakt Autos vorbei.

Da, wo noch vor vier Tagen Bagger den Mutterbo-
den abgetragen haben, steht eine kleine Sandburg,
die Aktivist:innen gebaut haben. Genau da sitze ich
gerade im Schatten einer Baggerschaufel auf dem
sandigen Boden. Aus einer kleinen Bluetooth-Box
dringt das Lied „Gekommen um zu bleiben" von
der Band Wir sind Helden. Ein leichter Windzug
bläst in die bunten Zelte vor mir, die wir in den
letzten Tagen eines nach dem anderen aufgestellt
haben. Zwei Frauen in roten Maleranzügen spazieren Händchen haltend über das Gelände und singen
mit: „Dann sagt ihr: ‚Schau, the end is near, now
bitte face your final curtain.' Ah, wir sind schlau,
wir bleiben hier, für die Gesichter, die empörten.
Diese Geister singen schief und sind nicht einfach
auszutreiben. Entschuldigung, ich sagte: ‚Wir sind
gekommen, um zu bleiben.'" Ich lächle und schaue
ihnen hinterher.

Die lahmgelegte Baustelle wird von Bauzäunen
abgegrenzt, die mit bunt bemalten Kartonschildern
verziert sind. Dahinter liegen dort, wo noch keine
Straße ist, Felder. Andere Bauzäune werden gerade
abgebaut und bilden das Materiallager, über das

13

eine blaue Plane gespannt wird. Die Mittagshitze ist erdrückend, und die in den letzten, fast schlaflosen Nächten angestaute Müdigkeit macht es mir schwer, die Augen offen zu halten.

Vor vier Tagen fiel der Entschluss: Wir bleiben! Wie lange? Wissen wir noch nicht.

Am Eingang der Baustelle hängt ein Banner, auf dem steht: „Wer Straßen sät, erntet Widerstand." Dieser Satz markiert den Anfang der längsten Baustellenbesetzung, die es in Österreich je gegeben hat. Das wissen wir zu diesem Zeitpunkt allerdings noch nicht. Es gab keinen klaren Plan. Aber wäre es wie erwartet gelaufen, wären wir schon nicht mehr hier. Nun wurde die Baustelle jeden Tag genutzt. Bloß eben nicht zum Bau der Stadtstraße, sondern zum Aufbau des Widerstands gegen sie. Tage zuvor hatten junge Aktivist:innen von unterschiedlichen Organisationen die Bauarbeiten für eines der größten Straßenbauprojekte der jüngeren Geschichte blockiert und nach dem Abzug der Polizei ihre Zelte aufgestellt. Die Zeitungen titelten dazu „Die Radikalisierung der Klimabewegung und die radikalisierten Klimakids".

Und ein Raunen ging durch das Land: „Dürfen die das?" Vonseiten der FPÖ sieht man bereits die bestehende Ordnung gefährdet und fordert die sofortige Räumung sowie Strafen für die Aktivist:innen. Sie sind empfindlich, die Verteidiger dieser gefährlichen Ordnung, gegen die wir Widerstand aufbauen.

Wie schon am Anfang der Debatte um Fridays for Future wurde heiß diskutiert, welche politischen

Mittel gesellschaftlich legitim sind. Wie radikal darf Protest sein? Dürfen Schüler:innen die Schule bestreiken, wenn sie keine andere Möglichkeit sehen, auf die Klimakrise aufmerksam zu machen, unter der sie von allen derzeit lebenden Generationen am längsten zu leiden haben werden? Dürfen Aktivist:innen sich vor Bagger setzen, wenn diese keine neuen Schienen für eine klimagerechte Mobilität bauen, sondern eine Straße, die schon nach wenigen Jahren wieder überlastet sein wird? Ich glaube, wir dürfen nicht nur – wir müssen.

Wer Straßen sät, pflanzt Autos. Deshalb erntet er Widerstand. Während die Klimakrise immer bedrohlicher wird, steigt die Zahl der Autos auf Österreichs und Deutschlands Straßen permanent an. Jedes Jahr gibt es einen neuen Höchststand an neu zugelassenen Pkws. Am 1. Jänner 2022 waren es in Deutschland 48,54 Millionen Fahrzeuge[1] und in Österreich 5,13 Millionen[2].

Das liegt kaum daran, dass den Menschen das Bewusstsein für die Klimakrise fehlt, sondern zum einen an konkreten politischen Entscheidungen für den Ausbau der Straßennetze und zum anderen am konsequenten Abbau der Bahninfrastruktur.

Weltweit stellen sich Menschen nach jahrelangen Demonstrationen, Appellen und Bitten an Entscheidungsträger:innen jetzt gegen fossile Bauprojekte, gegen den Abbau von Kohle und das Abholzen von Wäldern. Die meisten dieser Proteste und Besetzungen werden medial groß begleitet und nach Monaten oder Jahren polizeilich brutal geräumt. Klimaaktivist:innen wird mit Klagen in Millionenhöhe gedroht, sie werden von der Polizei festgehalten.

Protest ist offenbar nur so lange legitim, wie er nicht dazu führt, dass sich tatsächlich etwas ändert. Aber es muss sich sehr viel ändern. Seit über 50 Jahren wissen wir um die Grenzen des Wachstums Bescheid, seit Jahrzehnten benennen Wissenschaftler:innen die Ursachen der Klimakrise. Ihre Modelle zeigen, was wir auch in Europa in den letzten Jahren bereits am eigenen Leib erfahren können: dass die Klimakrise unsere Existenz, wie wir sie kennen, zerstören kann.[3] All das ist also ein alter Hut. Und trotzdem ist der Kampf gegen die Klimakrise die größte Herausforderung der Menschheit und setzt uns wie keine andere unter Zeitdruck. Wie wir ihr begegnen können, ist die wichtigste politische Frage, für die wir so dringend Lösungen brauchen.

Während Menschen also seit Jahren überall auf der Welt appellieren und protestieren, um unsere Lebensgrundlagen zu erhalten, lautet das ernüchternde Fazit: Wir sind meilenweit von jedem beschlossenen Klimaziel entfernt und nähern uns mit erschreckender Geschwindigkeit Kipppunkten, nach deren Erreichen sich nichts mehr umkehren lässt. Manche davon haben wir sogar bereits erreicht.

Es gab 26 erfolglose Klimakonferenzen,[4] die allesamt mit leeren Versprechungen und Lippenbekenntnissen geendet haben. Eine Menge schöner

Worte, während die Regenwälder nach wie vor gerodet werden und es in der Antarktis 40 Grad mehr hat, als es sollte[5]. Fast täglich gibt es neue Horrormeldungen über brennende Wälder, schmelzende Gletscher, Hitzetage, Dürren und Fluten.

Der Vorsitzende der letzten UN-Klimakonferenz 2021 in Glasgow, Alok Sharma, entschuldigt sich bei seinem Abschlussplädoyer bei den nächsten Generationen und den Delegierten und bricht in Tränen aus.[6] Er weiß, dass die Regierenden, die sich auf keine auch nur annähernd ausreichende politische Lösung einigen konnten oder wollten, versagt haben. Klimagipfel für Klimagipfel rücken die Klimaziele und die Einhaltung des Übereinkommens von Paris aus dem Jahr 2015 in immer weitere Ferne.

Luisa Neubauer, eine deutsche Klimaschutzaktivistin, sagt dazu: „Seit dem letzten globalen Klimagipfel im November 2021 bleiben 99 Monate bis 2030, und bis dahin müssen die Emissionen um 50 % fallen. Die aktuellen Klimapläne aller Regierungen zusammen werden dazu führen, dass die Emissionen um 16 % steigen."[7]

Politiker:innen entscheiden nicht für sich selbst, welche Gefahren sie mit ihrer Untätigkeit produzieren. Die meisten von ihnen haben zu viel Geld und es bleibt ihnen zu wenig Zeit auf dieser Welt, um von der Klimakrise noch voll und ganz erfasst zu werden. Diesen Luxus haben die meisten anderen Menschen auf dieser Welt nicht. Es ist kaum zu ertragen, dass die Politik so zielstrebig die Zukunft der nächsten Generationen an die Wand fährt. Fast die Hälfte aller Jugendlichen (45 %) weltweit haben Angst vor den Folgen der Klimakrise. Im Rahmen der Lancet Planetary Health-Studie (2021) wurden 10 000 Menschen von 16 bis 25 Jahren befragt: 75 % von ihnen finden die Zukunft beängstigend.[8] Ich auch. Zu Recht. Denn wir zerstören aktiv die Voraussetzungen und die Grundlagen unseres Lebens.

Die notwendigen Entscheidungen werden aber nicht getroffen. Es zählt offenbar eine andere Notwendigkeit als eine lebenswerte Zukunft. Was zählt, ist der Profit von Konzernen und die Macht von Lobbys. Ihr Reichtum beruht auf der Ausbeutung des Planeten und des Großteils der auf ihm lebenden Menschen.

Die reichsten 10 % der Weltbevölkerung stoßen mehr als 50 % der Treibhausgas-Emissionen aus[9] und besitzen gleichzeitig 85 % des weltweiten Vermögens[10]. Die Klimafrage ist eine soziale Frage. Sie ist eine Frage der gesellschaftlichen Macht und der Demokratie. Die Menschen, die am wenigsten zur Klimakrise beitragen, sind gleichzeitig diejenigen, die am meisten unter deren Konsequenzen leiden werden. Das gilt global, aber auch für Europa. Die Menschen im Globalen Süden müssen schon jetzt vor Dürren, Naturkatastrophen und Überschwemmungen fliehen oder versuchen, irgendwie damit zurechtzukommen. Menschen in Küstengebieten müssen dem Meeresspiegel beim Steigen zusehen, im Wissen, dass ihr Zuhause überschwemmt werden wird. Laut einer Studie von Greenpeace werden bis 2040 200 Millionen Menschen ihr Zuhause verlieren.[11] Das sind so viele, dass sie zusammengenommen die Einwohnerschaft des fünftgrößten Landes der Welt bilden.

Aber auch in Europa treffen heiße Sommer die Menschen am meisten, die wenig Geld haben. Zum Beispiel, weil sie sich keine Klimaanlage leisten können. Das Gleiche gilt für kalte Winter in schlecht gedämmten Wohnungen bei steigenden Energiepreisen. Europa hat sich von fossilen Energien abhängig gemacht, die wir von autokratischen Regimen beziehen und die eine endliche Ressource sind. Und trotzdem steigt der Energieverbrauch jedes Jahr an, obwohl wir uns das schon lange nicht mehr leisten können.

Die Wohnung je nach Bedarf zu heizen oder zu kühlen oder wenn man es trotzdem nicht mehr aushält, einfach in Urlaub zu fahren: Das können sich nicht alle leisten. Die Klimakrise verstärkt die soziale Ungerechtigkeit, während Milliardäre wie Richard Branson und Jeff Bezos mit einem Flug ins All so viele Treibhausgas-Emissionen verursachen wie ein Mensch der ärmsten Milliarde in seinem ganzen Leben.[12]

Mich macht das wütend. Und auch ein bisschen ratlos. Es ist der Globale Norden – die Industriestaaten –, der maßgeblich für die Krise verantwortlich ist, und es ist ein Großteil der Weltbevölkerung, der unter den Folgen am meisten leiden wird. Das ist absolut keine neue Erkenntnis.

Protest ist also nicht nur legitim, er ist notwendig. Die Regierenden hatten lange genug Zeit, überlegt und vorausschauend zu handeln. Stattdessen haben sie den kurzfristigen Vorteil gewählt, weil sie keine unpopulären Entscheidungen treffen wollten oder nicht dafür sorgen konnten, dass die notwendigen Entscheidungen populär werden. Was denken sie sich, wenn sie Kinder sehen, die Schilder hochhalten, auf denen steht: „Hört auf wissenschaftliche Erkenntnisse."

Wir haben in der Schule Brecht gelesen und gelernt: „Wo Unrecht zu Recht wird, wird Widerstand zur Pflicht." Die Klimakrise und ihre Folgen führen schon jetzt zu Katastrophen. Um sie einzudämmen, haben wir kaum mehr als acht Jahre Zeit. Wir müssen also die großen Fragen nach Wandel, Gerechtigkeit und Verteilung stellen.

Daraus entsteht der radikale Kampf einer Generation, die sagt: Es darf kein „Weiter wie bisher" geben, denn das kann sich die Menschheit einfach nicht leisten. Diese Generation demonstriert und streikt – gegen die Ausbeutung von Menschen und endlichen Ressourcen und gegen die Zerstörung unserer Lebensgrundlagen. Ja, wir sind diese Generation, und wir sagen: Wir nehmen die Zukunft jetzt selbst in die Hand. Denn nichts zu tun und die Gegebenheiten einfach so hinzunehmen, ist eine Entscheidung, die schwerwiegende Konsequenzen hat.

Dieses Buch ist kein Klimabuch, denn ich bin keine Klimawissenschaftlerin, und es ist auch keine umfassende Analyse der Gesellschaft und ihrer Entwicklung. Ich werde nicht die eine Lösung finden, um die großen Herausforderungen, vor denen wir als Menschheit stehen, zu lösen. Aber ich möchte, dass alle, die dieses Buch lesen, danach nicht mehr so auf die Welt schauen können wie bis jetzt. Ich möchte euch erzählen, warum ich politisch aktiv bin, warum so viele andere Menschen aktiv sind und warum du, wenn du es noch nicht bist, auch aktiv werden solltest. Denn was wir jetzt erleben, ist der Anfang einer Bewegung, deren Ende noch offen ist.

Wie alles begann

Der erste weltweite Klimastreik, an dem sich auch Österreich beteiligt, füllt am 15. März 2019 die Straßen Wiens. Gleich muss ich das erste Mal auf eine riesengroße Bühne gehen. Zehntausende Menschen auf dem Heldenplatz, und ich klammere mich zitternd an den Zettel mit meiner Rede. Die Vorbereitungen für diesen Streik waren so anstrengend, dass ich seit Wochen Fieber habe. Es fällt mir schwer, mich auf den Beinen zu halten. Mein damaliger Freund reicht mir die Thermoskanne, und ich nehme einen Schluck Tee. Die Mischung aus Medikamenten und Adrenalin hält mich irgendwie aufrecht. Ich weiß, dass ich längst über meine Grenzen hinausgegangen bin, aber ein bisschen muss mein Körper noch durchhalten.

Ich lese einen Satz meiner Rede noch einmal: „In über 90 Ländern wird heute gestreikt, überall auf der Welt stehen junge Menschen auf und gehen nicht in die Schule, sondern auf die Straße." In 90 Ländern – das ist fast jedes zweite Land der Welt. Ich wusste damals noch nicht, dass es beim nächsten weltweiten Klimastreik noch viel mehr sein würden. Dann würden Menschen in 2966 Städten in über 150 Ländern auf die Straße gehen.[13] Wie viele Millionen Menschen an diesen größten weltweiten Streiks teilgenommen haben, lässt sich nicht genau sagen. Aber es waren viele Millionen Menschen gleichzeitig auf der Straße, um für die Bewältigung der Klimakrise einzutreten. Ein Schulterklopfen reißt mich aus den Gedanken. Ich muss auf die Bühne.

Liebe Schülerinnen, liebe Schüler,

ich möchte heute in eurem und unserem Namen an die Regierungen appellieren. Ihr habt dem Pariser Klimaabkommen zugestimmt, ihr habt unterzeichnet, also haltet die 1,5-Grad-Grenze auch ein! Wissenschaftlerinnen und Wissenschaftler haben bereits alle Ergebnisse offen dargelegt. Ihr müsst die Maßnahmen dafür setzen. Wir fordern hier und heute eine mutige Klimapolitik!

Ihr habt alle Möglichkeiten, und ihr wisst, wie es geht. Warum zögert ihr noch länger und nehmt uns mit jedem Moment des Nichtstuns ein bisschen Zukunft?

Diesen Appell haben wir gemeinsam immer und immer wieder an die Regierungen der Welt gerichtet. Auf den Straßen Wiens ebenso wie in kleinen Dörfern, in Europa genauso wie in Indien, an die ganze Staatengemeinschaft. Was hat sich geändert? Nichts? Je nach Situation sagen die Regierenden: „Eure Stimme ist so wichtig, danke für euer Engagement." Oder: „Ihr müsst auch die demokratischen Mehrheiten akzeptieren, hört auf." Je nachdem, wie es ihnen gerade passt. Mich beschäftigt, wovon es abhängt, was ihnen gerade passt oder nicht.

Warum verabsäumen es Regierungen auf der ganzen Welt zu handeln?

Wir haben uns mit Entscheidungsträger:innen getroffen. Das war meistens ziemlich ernüchternd bis frustrierend. Mir wurde gesagt: „Das liegt nicht in meiner Verantwortung", „Da bin ich nicht die richtige Ansprechperson" oder „Da müsst ihr euch an wen anderen wenden".

Das Fazit dieser Begegnungen: Politiker:innen sind überzeugt davon, nichts verändern zu können und zu wenig gesellschaftliche Macht zu haben, um wirklich etwas gestalten zu können. Oder sie wollen grundsätzlich keine weitreichenden und zukunftsweisenden Entscheidungen treffen.

Mir wird in Diskussionen, ob auf kleinen oder großen Podien, immer wieder gesagt: „Wir tun, was wir können", „Es ist kompliziert" oder „Das liegt nicht in meinem Verantwortungsbereich". Wie kann es sein, dass die, die wir wählen, damit sie über die gesellschaftliche Entwicklung bestimmen oder sie gestalten, nicht die Verantwortung dafür übernehmen, unsere Zukunft zu sichern?

Nach diesem ersten Klimastreik steige ich in die U-Bahn. Mein Kopf sinkt gegen die kühle Scheibe. Endlich, denke ich. Ich freue mich auf ein warmes Bad. Mein Blick wandert drei Reihen nach vorne.

Ein Mädchen, vielleicht 13 oder 14 Jahre alt, hat ihr Schild neben sich abgestellt. Darauf hat sie einen Koala gemalt. Daneben steht: „Wir brennen für eure Profite." Das macht mich traurig.

Sie wendet sich an eine ältere Dame, die ihr gegenüber sitzt, und sagt: „Oma, warum kommst du nicht mit auf unsere Streiks? Du sagst immer, man soll gut auf sein Rückgrat aufpassen in dieser Welt und sich von niemandem etwas sagen lassen. Macht dir das alles keine Angst?"

Die Frau richtet ihre Brille gerade, und ich sehe, wie sie gerade antworten will, doch das Mädchen spricht weiter.

„Seit Monaten brennt es in Australien. In der Antarktis und in Sibirien ist es fast 40 Grad heißer, als es dort sein sollte. Papa hat gestern in der Zeitung gelesen, dass in Afrika die schlimmste Heuschreckenplage seit Jahrzehnten herrscht und der Welthunger wieder zunimmt. Wie kann es sein, dass es nicht genug für alle gibt?"

„Mona, Liebes, das ist schon alles richtig", erwidert die Frau. „Aber was meinst du, was wir gestreikt haben, als es Brandbomben auf den Vietcong geregnet hat, als die Amerikaner oder die Franzosen jeden Präsidenten in Afrika oder Südamerika, der sich der Politik des Westens widersetzt hat, umbringen haben lassen? Glaub mir, die Regierungen tun nicht unbedingt, was richtig ist."

Das Mädchen setzt sich aufrechter hin. Und wird lauter. „Und was ist mit den Stürmen, die in Großbritannien, Frankreich und Italien Schäden in Millionenhöhe verursachen? Den riesigen Erdrutschen in Indien, den Tornados in Deutschland? Ich will einfach nicht mehr lesen, wie immer heftigere Wirbelstürme Hunderte Tote und Millionen Obdachlose verursachen[14]. Das gibt es doch rund um die Welt. Super-Hurricanes in den USA, der Karibik und in Mittelamerika, Überflutungen in China und Japan mit Tausenden Toten. Auch in Österreich überschwemmen immer häufiger Flüsse Ortschaften, und wochenlang brennen Wälder. Seit ich geboren wurde, ist diese Welt in der Krise, und sie rutscht immer tiefer rein. Warum ist das den Leuten, die entscheiden dürfen, so egal?"

„Ob ihnen das egal ist, weiß ich nicht. Das ist wahrscheinlich von Fall zu Fall verschieden. Manche sind sicher so abgebrüht, dass sie ihre verständnisvollen Worte vorm Spiegel üben müssen. Andere meinen das, was sie sagen, wahrscheinlich sogar ernst. Dass sie handeln müssen, wissen sie natürlich. Alle wissen das. Das wussten sie schon immer. Deshalb ist es ihnen ja so wichtig, euch zu zeigen, dass sie das tun. Sie beteuern, dass wir alle auf derselben Seite stehen, am selben Strang ziehen. Aber sobald es um konkrete Fragen geht wie etwa die Mobilität in den Städten und an den Stadträndern Wiens oder um die Frage der Energieversorgung – tja, dann sieht das ganz anders aus."

Ich sehe, wie Mona nach ihrem Schild greift, am liebsten würde ich das Mädchen in den Arm nehmen. Die Fenster der U-Bahn sind halb gekippt, ich weiß nicht, ob mir deshalb ein Schauer über den Rücken läuft oder wegen dem, was das Mädchen als Nächstes sagt.

„Aber was dann?", fragt sie. „Wer soll denn dann entscheiden? Und warum sollen wir ihnen noch glauben?"

Genau. Warum tun die Regierungen nicht, was dringend nötig und vernünftig ist? Nämlich die Gesellschaft so umzugestalten, dass sie auch morgen noch unter menschenwürdigen Bedingungen existieren kann. Stattdessen sagen manche von ihnen: „Die Klimakrise müssen große Staaten wie die USA oder China lösen, unsere Verkehrswende ist nur ein Tropfen auf den heißen Stein." Und andere: „Niemand hat in unserer Gesellschaft die Macht dazu, die Klimakrise aufzuhalten, da laufen Prozesse ab, die wir höchstens steuern, aber nicht bestimmen können." Oder wieder andere: „Ohne Eigenverantwortung wird es nicht gehen. Da müssen jetzt alle an einem Strang ziehen." Ja, es ist natürlich komplex in einer globalisierten Welt. Aber das ist keine Ausrede mehr. Wir leben in Krisenzeiten, da hilft uns auch die zehnte Analyse nicht mehr, die uns erklärt, warum wir nicht handeln, sondern wir müssen gemeinsam Antworten und Lösungen finden.

Wenn nicht einmal die gewählten Regierungen glauben, die Gesellschaft gestalten zu können, worüber können demokratische Systeme dann überhaupt entscheiden? Warum dürfen diese Regierungen dann Macht haben? Macht ohne Verantwortung ist einfach falsch. Wenn wir als Gesellschaft nicht die Verantwortung dafür übernehmen können, unsere Existenz zu sichern, dann ist dieses System defekt.

Ich werde aus meinen Gedanken gerissen, denn die alte Dame sagt gerade zu dem Mädchen: „Weißt du, wenn du wissen willst, warum sich nichts ändert, musst du fragen, wer etwas davon hat, dass sich nichts ändert. Und glaubst du nicht, dass es Menschen gibt, die etwas davon haben, dass es so läuft, wie es das eben gerade tut?"

Natürlich, denke ich. Die fossile Industrie. Mir geht noch immer ein Lied von dem Streik durch den Kopf: „Ölkonzerne, pumpen in der Ferne, zerstören unsere Umwelt, nur für 'nen Batzen Geld." Unterlegt mit einem schnellen Bass, den ich nicht vergessen kann.

„Aber wenn wir den Planeten nicht mehr bewohnen können, profitiert auch niemand mehr. Die, die was davon haben, sind wenige im Vergleich zu den vielen Menschen, die an den Folgen der Klimakrise leiden werden."

„Glaubst du wirklich noch daran, dass jede Stimme unserer Gesellschaft gleich laut gehört wird? Du sollst den Kakao, durch den sie dich ziehen, nicht auch noch trinken."

Bei diesem Satz muss ich mir das Lachen verkneifen und denke, dass ich ihn mir unbedingt merken muss.

„Schreien tun viele, aber die, die sich dann tatsächlich durchsetzen, müssen nur flüstern. Die Industrie, die mit fossiler Energie ihr Geld macht, zum Beispiel. Auf die entfällt ein Drittel des Umsatzes der reichsten Konzerne. Das ist etwas anderes, als ein Drittel des Schultags zu streiken."

Das „Bitte nicht mehr einsteigen" der U-Bahn-Durchsage erinnert mich daran, dass ich jetzt aussteigen muss. Ich springe auf und stolpere aus dem Waggon. Die Worte der alten Dame hallen noch nach. Die Macht derer, die unseren Planeten zerstören und unsere vermeintliche Ohnmacht, unsere Zukunft zu retten. Wie oft habe ich darüber schon nachgedacht. Ich muss an das Schild von Mona denken. „Wir brennen für eure Profite." Die Koalas werden wohl nicht die Letzten sein.

Eure
Profite

Die Profite. Sie gehören vor allem den Konzernen, den Reichen, den CEOs, den Industriellen. Unterschiedliche Namen für etwas, was in unserer Gesellschaft viel zu wichtig ist. Vertreter:innen des Prinzips Gewinnmaximierung. Wen ich damit meine? Die Leute, die offensichtlich falsche Dinge tun, weil sie Gewinn bringen, und offensichtlich wichtige Dinge nicht tun, weil sie keinen oder zu wenig Gewinn bringen. Aber auch eine Gesellschaft, in der viele Menschen vom vermeintlichen Wohlstand profitieren – oft auf Kosten des Globalen Südens. Oder Pharmafirmen, die ihr Geld mit Antibiotika gemacht haben, aber aufhören, in die Forschung für neue Antibiotika zu investieren. Weil ihnen die Gewinne nicht hoch genug sind. Obwohl wir wissen, dass wir ohne wirksame Antibiotika wieder an den banalsten Krankheiten sterben können.[15]

So war es etwa mit der Firma Sandoz aus Kundl in Österreich, einer Tochterfirma von Novartis. Trotz hoher Profite stellten diese und andere Firmen die Erforschung notwendiger neuer Antibiotika ein, obwohl sich immer mehr Resistenzen gegen bestehende Präparate entwickelten. Zahlreiche Experten schlugen Alarm. Erst durch staatliche Unterstützung im Zuge der Corona-Pandemie nahm die Firma Sandoz das Programm 2021 wieder auf.[16] Auf diesem Prinzip, nicht nur Gewinn, sondern möglichst hohe Gewinne zu machen, beruhen die Entscheidungen aller großen Konzerne.[17]

Wie kommt es dazu? Kaum jemand wird sich aus freien Stücken dafür entscheiden, Menschen auszubeuten, zu versklaven, die Umwelt zu verpesten oder ganze Lebensräume unbewohnbar zu machen. Oder doch? Ich weigere mich zu glauben, dass die Welt ist, wie sie eben ist, weil alle so sind wie die Verantwortlichen des Konzerns Nestlé. Denn dem globalen Lebensmittelriesen kann wirklich eine ganze Menge nachgesagt werden. So wird Nestlé etwa mit zahlreichen Morden an Gewerkschaftern in Kolumbien,[18] Wasserknappheit in afrikanischen und asiatischen Ländern[19] und Gewinnmaximierung auf Kosten der Mitarbeiter:innen in Verbindung gebracht[20]. Wenn alle so wären, wären wir ohnehin verloren. Doch es steckt noch etwas anderes hinter der Gier nach mehr und mehr Gewinn, nach mehr und mehr Wachstum. Etwas, das mit dem Markt zu tun hat, der doch angeblich alles regelt. Aber das tut er eben nicht.

Wenn ich mit Verantwortlichen spreche, wollen viele davon die Klimakrise mit den Märkten oder zumindest nach der Logik der Märkte lösen. Unternehmen, die klimaneutral wirtschaften, sollen belohnt und solche, die das nicht tun, bestraft werden.[21] Viele Verantwortliche lehnen ja sogar das ab. Wäre es also nicht überaus sinnvoll, in einer Marktgesellschaft darauf zu setzen, dem Markt durch staatliche Eingriffe zu helfen, das zu lösen? Das Problem beginnt aber leider damit, dass das Ziel, die Klimakrise in den Griff zu bekommen, eben nicht mit dem Ziel von Märkten übereinstimmt, das aus dem Markt selbst heraus entsteht.

Dafür gibt es ein anschauliches Beispiel aus der Zeit, als Vietnam unter französischer Kolonialherrschaft stand. Die französische Kolonialmacht wollte das Rattenproblem der Kolonie in den Griff bekommen. Um dieses Ziel zu erreichen, sollte es für jede getötete Ratte ein Kopfgeld geben. Um dieses zu erhalten, mussten die Menschen abgetrennte Rattenschwänze abgeben. Was passierte? Irgendwann wurden Ratten ohne Schwänze entdeckt. Für einen Markt ist das völlig logisch. Wenn die Ratten sich nicht weitervermehren, gibt es keine Ratten und damit auch kein Kopfgeld mehr. Etwas, womit Geld gemacht werden konnte, würde dann kein Geld mehr einbringen. Und obwohl es für die vietnamesische Bevölkerung ein Problem war, wie die Ratten sich vermehrten, passierte, was passieren musste: Den Ratten wurde lebend der Schwanz abgetrennt. Danach wurden sie wieder freigelassen, sodass sie sich weiter fortpflanzen konnten. Das Einkommen der Rattenfänger:innen war gesichert, ja, es wuchs sogar.[22] Märkte sind nicht dafür da, von außen an sie herangetragene Ziele zu verwirklichen.

In dieser Sache sind sich jene, die am wenigsten an Märkte glauben, völlig einig mit jenen, die am meisten an Märkte glauben. Friedrich August von Hayek, der große Theoretiker des Neoliberalismus, rechtfertigte die Richtigkeit von Märkten gerade damit, dass sie keine bestimmte Zielhierarchie haben. Dass die spontane Ordnung des Marktes eben nicht garantieren kann, dass „das Wichtige vor dem weniger Wichtigen erreicht wird". Diese Erkenntnis begründet für Hayek den Vorzug von Märkten, weil sie eben garantieren, dass das Wichtige dem Unwichtigen geopfert werden kann – die optimale Ausgangslage, um sich für persönliche Ziele einzusetzen.[23]

So persönlich, sollte man heute hinzufügen, sind diese persönlichen Ziele allerdings nicht. Betrachten wir die Bilanzen der großen Unternehmen, lauten die persönlichen Ziele der Konzernkapitäne nämlich alle ziemlich gleich: Hohe Gewinnausschüttungen müssen her.

Gewinn macht man in unserer Gesellschaft direkt oder indirekt darüber, dass man anderen Leuten etwas verkauft. Aber aus der Perspektive der Verkaufenden muss man dabei mehr Geld einnehmen, als man vorher ausgegeben hat. Klingt einfach. Weil man damit aber selten der oder die Einzige ist, der oder die das Produkt verkauft, muss man attraktiver verkaufen als andere, das heißt meistens: billiger. Und diese Konkurrenzsituation löst eben jene Dynamik aus, die Mensch und Klima zerstört, damit die Gewinne weiter fließen können.[24]

Wenn man durch diese Brille auf die Welt blickt, verändert sich auf einmal alles. Ich schaue auf die vielen Autos, die an der Ampel auf meinem Heimweg halten. Die meisten von ihnen kommen aus der Arbeit und schaffen dort neuen Wohlstand. Wohlstand, der auch dafür eingesetzt wird, um möglichst bequem mit einem großen Auto in die Arbeit zu kommen. Es bringt aber auch einfach mehr Gewinn, wenn jede:r ein Auto für sich kaufen, betreiben, warten und versichern muss, als wenn mehr öffentliche Verkehrsmittel mit mehr oder besser gestaltetem Platz dieselben Menschen transportieren. Für die Leute in den Autos ist es ein Gegengeschäft – das Auto verschafft ihnen mehr Privatsphäre, Status und Flexibilität. Dafür verzichten sie allerdings auf das, was ein gut ausgestattetes öffentliches Verkehrsmittel ihnen zu bieten hätte – nämlich mehr Entspanntheit und die Möglichkeit, am Heimweg zu lesen, sich einen Film anzuschauen und dabei einen Kaffee zu trinken. Für Bauindustrie, die Autokonzerne und die Versicherungsgesellschaften bedeutet es: jedes Jahr Hunderttausende Kilometer Straße erneuern, jedes Jahr Millionen neue Autos bauen, jedes Jahr Hunderte Millionen Versicherungsgebühren lukrieren. Es zahlt sich einfach aus. Zumindest für manche. Ich schaue den Autos nach, die um die Kurve biegen. Hoffentlich sind die Fahrer:innen auch bald zu Hause.

Über einen ehemaligen Manager von BMW wurde mir eine Geschichte erzählt, die ich sehr treffend finde. Er wurde gefragt, ob es nicht besser für das Klima wäre, wenn weniger Autos auf den Straßen fahren würden, um die Treibhausgas-Emissionen zu senken. Seine Antwort: „Doch, natürlich, es gibt zu viele Autos auf dem Markt, aber zu wenige davon sind von BMW." Was sagt uns das? Der breiten Masse, uns allen, ist klar, dass nicht weiterhin so produziert und konsumiert werden kann. Mobilität kann nicht weiterhin auf den Individualverkehr hin ausgerichtet sein. Aber weil die Systemlogik vorgibt, dass Unternehmen miteinander im Wettbewerb stehen und einander regulieren, muss alles immer billiger werden. Damit man billiger verkaufen kann, hilft es, Löhne zu drücken, Umweltschutzbestimmungen zu missachten, Arbeitszeiten zu verlängern oder härter zu takten und Ressourcen so billig wie möglich auszubeuten.

Daraus entsteht eine immer stärkere Dynamik, weil die Gewinne sonst zurückgehen oder überhaupt verschwinden. Das ist für mich ein wichtiges Kennzeichen unseres kapitalistischen Gesellschaftssystems: ein Wirtschaftssystem, das Mensch und Natur als Lieferanten für Ressourcen begreift, dabei aber komplett ignoriert, dass sich die Natur auch nicht unendlich reproduzieren kann.

Diese Konzerne bauen für private Gewinne unbegrenzt Ressourcen ab, die uns eigentlich als Allgemeingüter zugutekommen sollten. Da sie über die größere Marktmacht verfügen, bleibt für die Allgemeinheit aber oft nicht mehr viel übrig. Die Ausbeutung und Zerstörung von Böden, um seltene Erden zu gewinnen, nimmt ganzen Dörfern – etwa in Chile – das Wasser weg. Die Abholzung von Regenwäldern geht Hand in Hand mit der Vertreibung und Ermordung von indigenen Völkern, der Finanzierung von bewaffneten Konflikten, der Verschärfung der Klimakrise und der Instrumentalisierung von Bürgerkriegen für die eigenen Zwecke.[25]

Diese Unternehmen machen also Profite, während sich unsere Luftqualität verschlechtert, die Temperaturen steigen und die Klimakrise nicht mehr aufzuhalten ist. Ob durch die Art, wie sie produzieren oder durch die Produkte, die sie auf den Markt bringen wollen. Und so oft sie auch vorgeben, an unseren Positionen interessiert zu sein – sie sind verantwortlich dafür, dass sich die soziale und ökologische Lage in vielen Weltregionen weiter zuspitzt. Große Teile der lokalen Bevölkerung dieser Regionen haben nämlich nichts davon.[26] Aber wem sage ich das? Das alles wissen wir schon lange. Das ist weder unbekannt noch unveränderbar. Auch wenn es gefährlich werden kann, wenn man es zu ändern versucht. In letzter Zeit wurden weltweit jährlich Hunderte Umweltaktivist:innen ermordet. Viele Morde stehen in Verbindung mit neuen Bau- oder Rodungsprojekten, die viel Geld einbringen sollen.[27]

Es wäre einfacher, die Klimakrise als eine moralische Frage zu behandeln, in der aussterbende Eisbären mit fehlendem Klimaschutz gleichgesetzt werden. Eine Krise, die durch Metallstrohhalme, Bambuszahnbürsten und Stoffsackerl gelöst werden kann, eine, in der Unternehmen eine klimabewusste Kampagne etablieren und dadurch die Weltwirtschaft verändern können. Es wäre einfacher, die Klimakrise mit ein paar Marketingtricks, neuen Labels und grüner Handschrift zu lösen.

Aber das funktioniert leider nicht. Unser Wirtschaftssystem beruht auf der Ausbeutung von endlichen Ressourcen, als gegebene unendliche Quelle für den Gewinn von ein paar wenigen und dem steigenden Wohlstand einiger. Das lässt sich nicht grün anmalen. Ein Beispiel dafür sind die berüchtigten Tomaten aus fernen Ländern. Jahrelang wurde Konsument:innen ein schlechtes Gewissen gemacht. Kauft keine Tomaten, die mit Lkws oder Schiffen zu uns kommen! Der Lebensmittelhandel hat schneller reagiert als das Gewissen. Alle großen Lebensmittelketten bieten seit ein paar Jahren Tomaten aus Österreich an.[28] Das ganze Jahr Tomaten regional (wenn auch nicht saisonal)? Mit Hochleistungslampen kein Problem. Einen ganzen Haufen davon. Rentabel ist so etwas erst ab einer bestimmten Größe. Mit Glashäusern, die insgesamt eine Fläche von zig Hektar bedecken. Dementsprechend viele Hochleistungslampen sind notwendig. Dementsprechend viel Energie wird benötigt. Der Lebensmittelhandel hat das Bedürfnis nach Tomaten im Winter geschaffen und befriedigt es durch heimische Tomaten. Was kommt dabei heraus? Abgesehen von jenen Gewächshäusern, die mit österreichischem Thermalwasser beheizt werden, stoßen heimische Tomaten mehr CO_2 aus als jene aus Spanien. Obwohl sie dem Bedürfnis Rechnung tragen sollten, weniger CO_2 auszustoßen.[29] Das ist, was Märkte tun, wenn man ihnen die Lösung der Klimakrise als Ziel setzt. Sie suchen nach Lösungen, die weiter Gewinn machen. Und viele davon machen die Sache nicht besser, sondern manchmal sogar schlechter.

Es kann gut sein, dass einzelne Unternehmen Gewinn damit machen werden, gegen die Klimakrise vorzugehen oder nachhaltige Techniken auf den

Markt bringen werden. Aber sie tun das nur, wenn es mehr Gewinn abwirft, als etwas anderes zu verkaufen. Und davon sollten wir unsere Zukunft nicht abhängig machen. Das ist aber genau das, worauf sich unsere Regierungen verlassen, weil es einfacher ist, darauf zu hoffen, dass irgendwann die eine technologische Lösung kommt, als die Verantwortung zu übernehmen und das System umzubauen. Sie glauben vielleicht tatsächlich, ihnen seien die Hände gebunden, weil die Märkte wie ein scheues Reh sofort verschwinden, wenn ihre Gewinne in Gefahr sind. Habt ihr den Schuss nicht gehört?

Sie machen sich davon abhängig, nur zu steuern, dass einzelne Unternehmen mit nachhaltigerer Technologie Gewinn machen können und bleiben machtlos gegenüber der Ressourcenausbeutung und Umweltverschmutzung, weil im Schlepptau ja auch viele davon profitieren.

Kein Wunder, dass in mehr als jedem zweiten Land der Erde gestreikt wird. Bald wird es in jedem Land so sein, dachte ich. Weil sich unsere Regierungen aus dieser Ohnmacht weder befreien noch befreien wollen, braucht es in meinen Augen eine ganz andere Art, Politik zu machen. Unsere Art, Politik zu machen. Mit diesem Gedanken ließ ich nach diesem langen Tag die Wohnungstür hinter mir zufallen.

Happy
birthday,
Club
of Rome!

Ein paar Wochen später. Ich war nach einem Termin in einem bekannten Wiener Kaffeehaus allein sitzen geblieben. Auf dem Nachbartisch lag eine aufgeschlagene Zeitung. Wie so häufig waren qualmende Schornsteine zu sehen. Es werden so viele Worte über Ursachen und Folgen, Maßnahmen und gescheiterte Konferenzen über die Klimakrise gedruckt.

Ich erinnerte mich an eine Angewohnheit meiner Mutter, schon seit ich ein Kind war. Nach jedem Besuch im Restaurant oder Kaffeehaus faltete sie aus der Rechnung ein kleines Origami-Schiff, legte es auf den Nachbartisch und sagte: „Wir sitzen alle im selben Boot." Zugegeben, damals empfand ich das in erster Linie als unangenehm und peinlich. Mein pubertäres Ich konnte es einfach nicht glauben, dass sie es wagte, auf diese Weise fremde Menschen anzusprechen, die sie meist nur verwirrt anlächelten. Aber dieser Satz und diese Geste begleiten mich seit damals.

Sie hat damit recht und unrecht. Wir sitzen nicht alle im selben Boot. Es gibt diejenigen auf ihren Luxusdampfern, sie werden es als Letzte bemerken, wenn der Meeresspiegel steigt. Und es gibt ganz viele auf selbst gebastelten Flößen und in kleinen Fischerbooten. Wir kämpfen nicht mit den gleichen Voraussetzungen für dieselben Ziele. Wenn allerdings alle Böden unfruchtbar sind, werden sie es auch auf ihren Hochseejachten merken. Naturkatastrophen machen nicht vor überfüllten Konten halt und lösen irgendwann alle Klassenunterschiede auf. Wenn die Lebensgrundlagen so weit zerstört sind, bedeutet das das Ende von allen. Trotzdem betrifft die Klimakrise nicht alle gleichermaßen. Es ist der Globale Norden, der auf Kosten des Globalen Südens produziert. Selbst wenn die *Titanic* also auf keinen Eisberg mehr treffen wird, weil der schon lange geschmolzen ist, wird sie untergehen. Nicht durch ein singuläres Unglück, sondern durch jahrzehntelange falsche politische Entscheidungen und ignorierte Warnungen.

Ich werde häufig auf Podien mit berühmten Gästen und einem illustren Publikum eingeladen. Ich bekomme manchmal sogar Geld dafür, ihnen zu erklären, wie dringend nötig es wäre, etwas gegen die Klimakrise zu unternehmen. Je öfter ich dort sitze, desto öfter spüre ich: Sie werden dafür bezahlt, mich nicht zu verstehen. Danach stoßen sie mit einem Glas Sekt auf die großartige Veranstaltung an und applaudieren sich gegenseitig, denn der Wandel beginnt mit dem Wandel des Bewusstseins, und sie glauben, nur weil sie darüber reden, leisten sie schon einen Beitrag. Indem sie sich einmal im Jahr daran erinnern (lassen).

Viele Firmen laden Klimaaktivist:innen zu Diskussionen ein und implementieren in ihrem Unternehmen eine Nachhaltigkeitsabteilung. Auch einzelne CEOs und Firmenverantwortliche können tatsächlich der Meinung sein, dass es ein Problem mit der Art unseres Wirtschaftens gibt. Aber sobald es konkret wird, sobald es um ihre eigenen Interessen geht, vergessen sie es wieder – denn es geht ja um Konkurrenz, um den Zwang zur Ausbeutung.

Die Klimakrise lässt nicht mit sich verhandeln. Auch wenn eine globale Lösung utopisch klingt – sie ist möglich. Rational betrachtet existieren bereits Lösungen, die längst keine Utopien mehr wären, wenn es „nur" um das Gemeinwohl der Menschheit ginge. Aber es geht natürlich auch um anderes.

Wenn also die Menschen, die wir als Entscheidungsträger:innen bezeichnen, weder gewillt sind noch sich in der Lage fühlen, Entscheidungen zu treffen – wer sonst kann es? Wenn die Regierenden uns nun seit vier Jahren erklären, mehr sei eben nicht möglich, dann zeigt dies das Drama eines kaputten Systems. 26 Klimakonferenzen, Experten, die seit über 40 Jahren warnen – und wir stehen jetzt vor der Frage, was noch zu retten ist. Vor 50 Jahren erschien „Die Grenzen des Wachstums. Bericht des Club of Rome zur Lage der Menschheit". Eine Einladung zur Jubiläumsfeier würde sich vermutlich in etwa so lesen:

Happy birthday, Club of Rome!

Wir feiern heuer 50 Jahre Wissen um den Weltuntergang. Der „Bericht zur Lage der Menschheit" wird zum fünften Mal zehn Jahre alt – so oder so ähnlich steht das in trendigen Facebook-Nachrichten. Der Bericht wurde in 30 Sprachen übersetzt und über 30 Millionen Mal verkauft. Er wurde viel diskutiert, kritisiert, überarbeitet und kommentiert.

So ein Jubiläum ist ein guter Anlass für Nostalgie: Weißt du noch, wie du vor 50 Jahren versucht hast, die

Welt dafür zu gewinnen, dir zu glauben, dass das ewige Wachstum Grenzen hat? Damals hast du bestimmt gedacht, der mögliche Untergang der Welt wäre eine drastische Mahnung, unsere Wirtschaftsweise möglichst schnell zu ändern, oder?

Geändert hat sich nicht viel. Die Welt hat das Problem ignoriert. Im Nachhinein liest sich das wie die Vorsätze eines Mannes auf dem Weg in die Midlife-Crisis. Wie viele junge Menschen denkt er: Ich bin unverwundbar. Auch die ersten Schicksalsschläge können ihn nicht aufhalten: Na ja, ein Freund von mir hatte einen Herzinfarkt, aber mir passiert das nicht. Doch der ganze Stress beim Geldverdienen geht nicht spurlos an einem vorüber: Oje, ich habe ganz schön zugelegt, nächsten Monat fange ich mit Sport an, aber heute gönne ich mir noch einen schönen XL-Burger. Und als die ersten Kreditraten für das Haus mit Garten fällig sind und der Bauch noch immer wächst: Na gut, ab jetzt wird Sport gemacht, aber zur Belohnung gibt's einen XXL-Burger. Dann das böse Erwachen. Scheiße, ich passe nicht mehr in meine Sachen! Auch gut – dann kaufe ich mir eben ein Auto mit mehr Platz und breiteren Sitzen. Und eine größere Garage.

Geändert hat sich nicht viel. Nur dass viel Zeit vergangen ist, in der wir unser Leben langsamer und entspannter hätten ändern können, als es jetzt noch möglich ist. Ganz schön schlecht gealtert, die guten Vorsätze.

Aber hey, wir haben immerhin gelernt, die Katastrophen besser vorherzusagen. Wir können auch die globalen Aktionstage gegen die Klimakrise in Echtzeit organisieren und live auf der ganzen Erde streamen. Unsere Bilder können globale Distanzen noch schneller überwinden, um keine Zeit mehr zu verlieren, darüber zu informieren, dass uns die Zeit bei der Klimakrise immer mehr davonläuft. Wir können in Echtzeit das Drama der Menschheit verfolgen und uns fragen, ob wir eher weg- oder hinschauen wollen: Kein Problem. Jetzt können wir aber nicht mehr wegschauen, denn es dauert nicht mehr lange, bis wir selbst im Zentrum der Katastrophen aufwachen. Ja, vor 50 Jahren wäre noch Zeit gewesen, und die Berechnungen waren eindeutig: Wenn wir weiter auf diese Weise Ressourcen verbrauchen, wirtschaften und produzieren, dann werden wir in absehbarer Zeit als Menschheit in einer manifesten Krise stecken. Vielleicht ist ein Trost zu diesem Jubiläum, dass der Weg in den Untergang bis hierher für uns, den Globalen Norden, recht bequem war.

Und jetzt? Die Warnungen sind im steigenden Meeresspiegel untergegangen. Die Profite der Industrie waren leider zu wichtig. Ja, wir als Gesellschaft können uns nur entschuldigen. Wir wussten es und haben uns dennoch dagegen entschieden. Wir haben weggeschaut, bis Wegschauen nicht mehr möglich war. Das Geburtstagsgeschenk zu diesem Anlass: Okay, wir geben zu, dass ihr wohl recht hattet. Zu diesem Geburtstag gibt es keine hässlichen Luftballons mit einer 50 drauf, nur das Rufen und Bitten, das Appellieren und Schreien der Menschen ist im Raum zu hören. Der im Übrigen leer ist. Niemand wollte zu diesem Anlass kommen.

1972 veröffentlichte der Club of Rome einen Bericht zur Lage der Menschheit mit dem Titel „Die Grenzen des Wachstums". Darin wird beschrieben, welchen

Einfluss das systemimmanente Wirtschaftswachstum auf den Planeten nimmt und warum diese Logik zu der Zerstörung von Ökosystemen und unserer Lebensgrundlage führen wird.[30]

Wenn die Regierungen sich auf globaler Ebene nicht einigen können, müssen wir die Möglichkeit der Veränderung eben selbst in Angriff nehmen. International, selbstbestimmt, gemeinsam. Denn es braucht für die Lösung der Klimakrise eine globale Antwort. Unser System treibt sich und uns in den Abgrund. Das heißt, dass wir unsere Produktionsweise fundamental ändern müssen. Dann werden keine Unternehmen oder Einzelpersonen und auch keine Dynamiken wie Konkurrenz um Marktanteile die Macht über so bedeutende gesellschaftliche Richtungsentscheidungen wie die über den Ausgang der Klimakrise haben. Wir können es nicht den Spekulant:innen, den Gewinner:innen des Systems überlassen, ob es unsere Welt morgen noch gibt. Wenn wir die Klimakrise lösen wollen, müssen Verantwortung und gesellschaftliche Macht wieder in den Händen der Bevölkerung liegen. Es braucht langfristig die weltweit koordinierte Planung von verfügbaren Ressourcen und die Festlegung, wie viel CO_2 noch emittiert werden darf. Das ist eine logistische Frage, die wir demokratisch bestimmen sollten.

Das heißt aber, dass wir uns die Möglichkeit verschaffen müssen, diese Lösungen auch anzuwenden. Deshalb ist die Lösung der Klimakrise eine Frage der demokratischen Mitbestimmung und gesellschaftlichen Organisierung. Wir müssen es doch schaffen, Systeme, die solche Krisen auslösen, zu regulieren und zu verändern. Wir haben lange genug zugeschaut, wie Entscheidungsträger:innen es verabsäumt haben, die notwendigen Entscheidungen zu treffen. Warum sollte das jetzt plötzlich anders sein? Denn das System wird momentan vor allem von Regierungen kontrolliert, die ihr und unser Schicksal der Gewinnmaximierung unterordnen. Deshalb müssen wir selbst aktiv werden, wenn wir diese Lösungen umsetzen wollen. Die Klimakrise abzuwenden und dafür das Wirtschaftssystem umzubauen, ist auf kurze Sicht eine Sache des politischen Willens und auf lange Sicht eine Frage der Neuorganisation und Demokratisierung der Gesellschaft. Für beides braucht es gesellschaftliche Macht.

Wenn uns das nicht gelingt, werden lokale Erfolge wenig helfen. Um gemeinsam konkrete Entscheidungen beeinflussen und prägen zu können, bleibt uns nichts anderes übrig, als an möglichst vielen Orten der Welt möglichst viele Menschen für dieselbe Sache zu gewinnen. Damit das gelingt, müssen wir zeigen, dass es sinnvoll ist, aktiv zu werden, zusammen Erfolge erringen, das Gefühl schaffen, gemeinsam ein wenig mächtiger zu sein und miteinander teilen. Vieles von einer globalen Lösung wird deshalb sehr wohl von lokalen Erfolgen abhängen. Deshalb braucht es uns. Mich. Meine Mutter. Mona und ihre Oma. Und viele andere. Dich zum Beispiel.

Hinter
den
Barrikaden

In diesem und in den folgenden Kapiteln erzähle ich in fiktionaler Form von Klimaaktivist:innen, um euch einen besseren Einblick in unseren Alltag zu geben.

Die Sonne ist noch nicht aufgegangen. Die Warn-leuchten der Polizeiwagen werfen ihren blauen Schein auf die Straße. Dort kleben Hände am As-phalt. Es sind die Hände von Klimaaktivist:innen. Nicht weit von ihnen entfernt gibt es einen Stau. Hupen. Geschrei. Wut. Die Stimmung heizt sich immer mehr auf. Doch die Klimaaktivist:innen se-hen keinen anderen Weg, die Zerstörung des Plane-ten aufzuhalten.

Der Verkehr ist Österreichs größter Beitrag zur Klimakrise. Die Autofahrer:innen warten auf dem Weg zur Arbeit müde und genervt auf freie Fahrt. Das hier ist ihr täglicher Weg zum Job. Die Polizei löst die Blockade auf. „Dutzende Klimaaktivist:in-nen blockierten heute Morgen zwischen 5:30 und 9 Uhr die Autobahnauffahrt", heißt es in den Mor-genjournalen. In einem Interview sagt eine junge Aktivistin: „Wir haben alles andere versucht – De-monstrationen, Petitionen, Appelle, Briefe und Bit-ten. Wir haben einfach keine Zeit mehr für schöne Worte." Im Hintergrund hört man zwei Leute mit-einander streiten.

„Was soll das? Geht endlich von der Straße run-ter! Was glaubt ihr eigentlich, wer ihr seid? Ver-schwindet einfach!", brüllt ein Lenker aus dem Fenster seines Wagens.

Eine Aktivistin wendet sich von ihrer Beglei-terin ab, bei der gerade ein Polizist hockt und ver-sucht, ihre an die Straße geklebten Hände zu lösen.

„Es tut mir leid, dass wir Sie gerade aufhalten, wir haben aber einfach keine andere Wahl mehr.

Wissen Sie, uns bleibt kaum mehr Zeit, und die Klimakrise hält sich leider nicht an Arbeitszeiten …"

Die Sonne ist noch immer nicht aufgegangen.

„Das ist mir herzlich egal, mein Chef hält nämlich viel von Arbeitszeiten. Acht Stunden Arbeit, fast eine Stunde Hinfahrt und dann wieder eine Stunde zurück. Muss ich jetzt noch früher aus dem Haus, nur weil ich nie weiß, ob irgendwelche Wahnsinnigen die Straße blockieren?"

„Was sollen wir tun?", fragt die junge Klimaaktivistin. „Der Planet steht vor einem Kollaps, und wir müssen die Politik zwingen zu handeln. Jahrzehntelang ist nichts passiert, und jetzt ist es bald einfach zu spät. Es geht ja auch um Ihre Kinder."

„Das kann ich ja sogar irgendwie verstehen", erwidert der Autofahrer. „Aber von meinem Dorf gibt es nun mal kein öffentliches Verkehrsmittel zu meinem Arbeitsplatz. Und wenn ihr weiter da herumsitzt, zwingt ihr die Politik zu gar nichts, oder? Denen ist es egal, ob ich rechtzeitig in der Arbeit bin. Geben die deshalb mehr Geld für bessere Öffis aus?"

„Wenn die Regierungen sich nicht an die Klimaschutzabkommen halten, die sie mitunterzeichnet haben und wegschauen, wenn der Planet brennt, müssen wir sie eben zwingen hinzusehen. Das geht überhaupt nicht gegen Sie. Aber was haben Sie von Ihrem Arbeitsplatz, wenn der Planet unbewohnbar geworden ist? Wenn die Politiker:innen nicht sofort handeln, ist es eh zu spät."

Der Fahrer schüttelt leicht genervt den Kopf. Er sieht müde aus. „Das verstehe ich schon. Ich habe noch keine Kinder, aber wir haben schon vor, welche zu bekommen. Und die sollen dann natürlich eine lebenswerte Zukunft haben. Aber bei der Arbeit gibt's nichts zu überlegen. Wovon soll ich Heizung, Auto, Urlaub bezahlen? Wir suchen uns das ja nicht aus – aber ohne Geld geht's einfach nicht."

„Das stimmt ja. Ich weiß, dass wir da beide nicht wirklich herauskommen. Ich kann es nicht so gestalten, dass es für Sie und das Klima gut ist, und Sie können ja auch nicht entscheiden, morgen gar nicht mehr oder in Gehweite zu Ihrem Job zu arbeiten. Aber eine andere Organisation von Arbeit wäre gut fürs Klima, und wir müssen gemeinsam dafür sorgen, dass das möglich ist. Fahren Sie wirklich gern jeden Tag mit dem Auto zur Arbeit?"

„Glauben Sie mir, es nervt mich total, dass ich in der Früh im Stau stehe und mich zusammenscheißen lassen muss, wenn ich zu spät zur Arbeit komme. Aber es geht halt nicht anders, so ist das einfach."

Im Medienbericht kommt davon nur: „Wütende Autofahrer:innen beschimpfen die Aktivist:innen." Dabei geht verloren, was für gemeinsame Interessen beide Seiten haben.

Manche Arbeitnehmer:innen können vielleicht entscheiden, wo sie arbeiten. Viele können das nicht. Die Klimaaktivist:innen können auch nicht entscheiden, dass nachhaltige Mobilität die beste Möglichkeit für die Menschen ist. Beiden fehlt es an der nötigen Macht, über die Rahmenbedingungen ihres Lebens zu bestimmen. Haben nicht beide recht?

Die Menschen sollten wirklich nicht mit dem Auto in die Arbeit fahren, wenn wir das Klima retten wollen. Aber sollen sie deshalb noch mehr auf sich nehmen, um sich jeden Tag abzuarbeiten? Zwischen den beiden lässt sich der Konflikt nicht lösen. Aber gemeinsam können sie vielleicht sogar beides lösen: eine bessere Organisation von Arbeit und den ökologischen Umbau der Gesellschaft. Dass solche Aktionen und ähnliche Dialoge nicht direkt zu dieser Erkenntnis führen, ist offensichtlich, aber der Konflikt ist eine Auseinandersetzung miteinander. Eine, die wir als Gesellschaft breit diskutieren müssen.

Der Polizeiwagen hält an. Anna, die junge Frau im Polizeiauto, deren Hände gerade noch auf der Straße geklebt waren, steigt aus. Vor dem Polizeianhaltezentrum. Es ist nicht das erste Mal.

Sie atmet tief ein und aus, sie kennt das Prozedere. Identitätsverweigerung, Versuch der Feststellung der Identität, Fotos, Untersuchung des Körpers, Zelle, maximal 24 Stunden. Die Zellentür fällt hinter ihr zu. Sie streicht sich eine blonde Strähne aus dem Gesicht und spürt die Reste des Klebers an ihren Händen und ihre rauen Fingerkuppen, die sie sich zuvor mit einer Stecknadel aufgestochen hat, um die Feststellung ihrer Identität zu erschweren. Einen Moment schaut sie nur auf ihre Finger. Dann schweifen ihre Gedanken wieder zu dem Lenker des Wagens, mit dem sie sich unterhalten hatte. Wie er wohl geheißen hat?

Warum denke ich da jetzt drüber nach? Hoffentlich hat er nicht wirklich Probleme bei der Arbeit bekommen. Und wenn doch? Nein, alles ist gut, Anna, beruhige dich. Du weißt, dass du das machen musst, es geht ja auch um seine Zukunft. Es geht einfach nicht anders, oder?

Gäbe es eine Straße, wo nur Regierungsautos fahren würden, wäre es natürlich einfacher. Aber das Spiel mit der Aufmerksamkeit kann sie ja auch nicht selbst bestimmen. Sie schaut auf ihre Uhr, 20 Stunden wird sie wohl noch sitzen. Sie starrt auf die weiße Wand. Tausend Gedanken gehen ihr durch den Kopf.

Die Klimakrise bringt uns in eine verzweifelte Lage. Wir warnen, appellieren und bitten. Wie soll das weitergehen? Meine Eltern machen sich vermutlich gerade Sorgen, so ganz verstehen sie es nicht. Aber sie sind doch auch schuld daran! Oje, das nächste Telefonat mit meinem Vater wird anstrengend, vielleicht sollte ich es ihm einfach nicht erzählen. Wie oft habe ich von ihm schon gehört: „Es ist eh gut, dass du dich einsetzt, das sollen junge Menschen ja, aber nicht so radikal. Das muss nicht sein ..." Aber was dann? Das gut choreografierte Demonstrieren, dann nach Hause gehen und wissen, dass sich überhaupt nichts geändert hat. Was braucht es, damit die Leute endlich verstehen, was die Klimakrise bedeutet? Wie sollen wir denn damit umgehen, dass Wissenschaftler:innen verzweifelt warnen und appellieren, mittlerweile sogar selbst aktiv werden? Wenn nicht einmal auf die

53

gehört wird, was sollen wir denn bitte tun? Und ich verstehe ja, wenn Leute wütend werden, wenn wir vor ihren Autos sitzen und sie in die Arbeit müssen. Aber es geht mittlerweile wirklich darum, wie und ob die Menschheit überleben kann.

Müde reibt sie sich die Augen. Müde von den Gedanken, der letzten kurzen Nacht und der Auseinandersetzung mit sich selbst.

Ich sollte einfach schlafen, und wenn ich morgen aufwache, bin ich hier raus, denkt sie. Aber wie soll ich denn schlafen, wenn ich weiß, dass die Veränderung jetzt kommen muss? Jetzt, nicht langsam und nach und nach. Dafür ist es zu spät. Woran soll ich denn glauben? Ja, wäre jetzt 1980, da wäre noch Zeit gewesen für einen langsamen, behutsamen Wandel. Und jetzt soll ich glauben, dass sich daran schnell genug was ändert? Nein. Sie kündigen doch sogar an, dass es nicht schnell genug sein wird. Warum sind eigentlich nicht alle Menschen politisch aktiv? Was bräuchte es, damit wir endlich viele Tausende werden? Die anderen Menschen müssen doch auch verstehen, worum es hier gerade geht.

Ein Polizist reißt sie aus ihren Gedanken. Ob sie nicht einfach ihren Namen und ihre Adresse sagen will. Warum sie allen Beteiligten so viel unnötige Arbeit macht. Warum sie nicht einfach friedlich ihre Meinung sagen kann.

„Darüber habe ich auch gerade nachgedacht. Aber würden Sie einfach friedlich ihre Meinung sagen, wenn ein Mann gerade dabei ist, seine Frau zu erschießen?" – „Was hat das denn damit zu tun?" –

„Na ja, die Klimakrise zerstört den Planeten, kostet Millionen Menschenleben und wird die Existenz ganzer Länder zerstören. Und die Regierung sitzt am Drücker und betätigt den Abzug. Finden Sie nicht?" – „Das ist sehr vereinfacht ausgedrückt und etwas völlig anderes." Anna dreht sich zurück zur Wand. Sie bemerkt erst jetzt, dass sie am ganzen Körper zittert, es ist kalt in der unbeheizten Zelle, und der dünne Pulli reicht nicht, um sie warm zu halten. Sie schweigt. Die Zellentür fällt zu, und es wird wieder still.

Natürlich ist alles kompliziert. Aber wenn wir unsere Lebensgrundlagen verlieren, weil es kompliziert war, ist das auch nicht besser. Das ist nun mal so, das Resultat ist einfach: Leben oder sterben, Sicherheit oder Chaos. Muss ich mich mit den einfachen, aber schrecklichen Resultaten abfinden, weil die komplizierten Ursachen widersprüchlich sind? Natürlich wollen Menschen schnell zur Arbeit. Und das sollen sie von mir aus ja auch. Aber sie sollen es nicht müssen. Und am besten wäre, wenn sie es auch nicht wollten. Und freier sollten sie auch sein. Mehr Zeit zum Leben haben und weniger Zeit im Auto verbringen.

Sie denkt wieder an den Lenker und wie müde er ausgesehen hat.

Warum gestalten wir öffentliche Verkehrsmittel nicht so, dass man damit ganz entspannt zur Arbeit fahren kann? Dass sie ein Ort sind, wo man Musik hören und dabei einen Kaffee trinken kann? Wo man sich am Heimweg vielleicht eine Serie ansehen oder ein Buch lesen kann? Das muss doch möglich sein! Aber die Wirklichkeit sieht anders aus. Leute erzählen davon, dass ihre Teilstrecke aufgelassen oder die Taktung genau so eingerichtet wurde, dass sie von der Arbeit nicht direkt nach Hause kommen oder die Anschlüsse nicht passen, weil 101 Verkehrsunternehmen 102 Fahrpläne haben. Es ist kompliziert, sicher ist auch die Lösung kompliziert – aber bestimmt nicht unmöglich. Und dringend nötig. Weil es alle betrifft, ob wir Antworten auf die Frage finden, ob unser Planet weiter lebenswert sein wird.

Allein in Österreich wurden in den Jahren 2000 bis 2020 535 km Schienen abgebaut und 319 km Autobahn neu gebaut.[31] Wenn wir also so tun, als hätten Menschen die Wahl zwischen Auto und öffentlichem Verkehr, stimmt das in vielen Fällen einfach nicht. Auch in Deutschland wird der Ausbau der Autobahnen und Schnellstraßen mit einem Plus von fast hundert Kilometern pro Jahr vorangetrieben, während die Deutsche Bahn seit Jahrzehnten kaputtgespart wird und der Bahnausbau stockt[32]. Statt fortschrittlicher Mobilitätsplanung haben sich die Regierungen dafür entschieden, das Auto als wahrscheinlichste Alternative in Stein zu meißeln. Sie haben uns damit nicht freier, sondern abhängiger gemacht. Abhängig von steigenden Benzinpreisen, die der Weltmarkt bestimmt. Abhängig von Rohstoffen, die es nur aus Kriegsgebieten gibt.

Anna starrt auf die Wand. Eine kleine Spinne krabbelt dort herum. Sie hält kurz inne. Dann dreht sie um und verschwindet aus Annas Blickfeld.

Für so kleine Tierchen ist ein Gefängnis keines, denkt sie. Sie können sich frei bewegen. Doch sie können auch nichts an ihrer Lage ändern. Aber das ist wahrscheinlich gar nicht schlimm für sie, sie wollen vermutlich auch gar nichts daran ändern. Hauptsache, sie finden für sich einen Platz, um Fliegen zu fangen, ein Netz zu spinnen, ein Spinnenmännchen zu finden, um eine Familie zu gründen. Manche Probleme hat man erst, wenn man nicht mehr klein und völlig ohnmächtig ist. Wenn man nichts ändern kann, will man wohl auch nicht. Dann spürt man seine Fesseln gar nicht, oder es sind für einen gar keine. Das ist irgendwie auch das Problem unserer Demokratie. Alle sind für sich allein klein, die großen Träume sind durch pessimistische Wünsche nach Sicherheit ersetzt worden. Viele Menschen wissen, dass die Klimakrise schrecklich ist. Viele wollen auch, dass sie abgewendet wird. Aber wenn es darum geht, wer für sie entscheiden soll, wählen sie doch wieder jene, die unsere Zukunft für ein paar Geschenke an die Reichen verkaufen wollen. Wenn das die demokratischen Regeln sind, brauchen wir andere Formen der Demokratie. In unserer Gesellschaft gibt es keinen Raum mehr zum Wünschen und keine Zeit mehr zu warten. Was ist das für eine Gesellschaft, in der eine bessere Zukunft nicht mehr realistisch ist?

Anna schaut auf die Uhr. Die Zeit vergeht quälend langsam. Aber sie vergeht.

Große
Worte

„… und damit zu den neuesten Meldungen vom Tag. Heute Morgen blockierten Dutzende Klimaaktivist:innen zwischen 5:30 und 9 Uhr die Autobahnauffahrt. Etwa fünf Personen klebten vor Beginn des Berufsverkehrs ihre Hände auf den Asphalt, um gegen die Klimapolitik der Regierung zu demonstrieren. Es kam zu erheblichen Staus, die Polizei hatte die Situation aber schnell unter Kontrolle."

Scharren. Der Kater kratzt am Stuhlbein und übertönt das kleine rauschende Radio, das am Fensterbrett steht. Sophie schaut von ihren Notizen auf und scheucht ihn weg. Sie hat ein mulmiges Gefühl. Sie weiß, wessen Hände da klebten. Ihre Mitbewohnerin Anna war heute Nacht verschwunden. Kleben ihre Hände noch auf der Straße? „Unter Kontrolle" heißt wohl, dass sie Anna mitgenommen haben. Sophie ist hin- und hergerissen. Auf der einen Seite bewundert sie Anna für das, was sie tut. Auf der anderen Seite hasst sie es aber auch. Kann ihre Freundin nicht etwas normaler sein?

Die beiden kannten sich aus einer Vorlesung. Am Anfang mochte Sophie Anna nicht. Anna hatte jede Einheit damit verbracht, die Professorin herauszufordern. Gegen die Klimakrise zu agitieren, wie sie es später nannte. Sie war überheblich. Als wären alle anderen völlig ahnungslos. Am Ende einer Vorlesung war Anna dann vor ihr gestanden. Hatte sie zum Kaffee eingeladen. Warum eigentlich? Das hatte Anna ihr nie verraten, obwohl Sophie sie mehrmals gefragt hatte. Sie meinte dann nur: „Deine Augen erinnern mich an Rilke." Sie waren Freundinnen geworden. Annas Mitbewohnerin zog aus, Sophie zog ein. Die beiden stritten oft. Anna erklärte ihr oft, wie sinnlos Sophies Ziele auf der Uni waren. „Klimaforschung hilft nichts mehr, jetzt muss man handeln", sagte Anna. Sie sah nicht, dass Sophie das auch wusste. Aber Sophie saß nicht nur wegen des Inhalts in der Vorlesung, in der sich die beiden kennengelernt hatten. Sie arbeitete für die Professorin – sie korrigierte die Hausübungen. Ihre Mutter war stolz über diese kleine Stelle. Sophie wollte ihr nicht sagen, dass das heute leider gar nichts bedeutete.

Annas Jacke hing immer auf einem Küchenstuhl, wenn sie da war. Heute würde sie wohl spät kommen. Vielleicht sogar erst morgen. 24 Stunden durfte die Polizei sie festhalten. Es hing einfach von der Laune der diensthabenden Polizist:innen ab, wie Anna aus der Sache herauskommen würde.

Sophie stellt sich darauf ein, dass ihre Mitbewohnerin irgendwann am Abend aus dem Polizeianhaltezentrum entlassen würde. Da sie im Moment mit ihrer Arbeit ohnehin nicht weiterkommt, zieht sie sich Schuhe und Pulli an und geht schnell zum Supermarkt um die Ecke, um zwei Packungen Schokokekse zu besorgen. Zu Hause schreibt sie auf ein Post-it: „Hoffe, es geht dir gut, fühl dich gedrückt. Hab dich lieb" und legt die Kekse zusammen mit dem Zettel vor Annas Zimmertür.

Dann setzt sie sich wieder an ihren Text. Sie hat noch ein paar Stunden, bis sie losmuss. Sie ist nervös und freut sich gleichzeitig auf den Abend.

Es wird das erste Mal seit Langem sein, dass sie … Handyläuten. Wo hat sie es bloß hingelegt? Sie findet es unter ihrem Notizblock.

„Hallo Mama? Ja, ich bin zu Hause. Nein, ich war grad einkaufen, ich hatte mein Handy nicht dabei. Für Anna einkaufen, sie war heute bei der Straßenblockade dabei. Nein, ich weiß nicht, wie es Anna geht. Nein, Mama, ich werde ihr nicht sagen, dass ich das für eine dumme Aktion halte. Mama, ich würde mich nicht vor dem Morgenverkehr ankleben. Ja, ich weiß, dass du daran glaubst, dass meine Forschung etwas ändern wird. Ja, ich auch. Was heißt, das fällt alles auf unsere Ziele zurück? Findest du es nicht komisch, dass wir uns alle furchtbar über Leute aufregen, die sich die Hände schmutzig machen, um gegen die Klimakrise zu kämpfen, statt über die, die sie verursachen und ihre Hände in Unschuld waschen? Ja, ich weiß, dass du damals, als du im Krankenhaus in Hainburg gearbeitet hast, mit dem Auto zur Arbeit fahren musstest. Jetzt ist es aber gut, Mama, dein Auto wurde schließlich nicht blockiert, du bist nicht zu spät gekommen, reg dich nicht so auf. Tut mir leid, aber ich muss mich wirklich auf später vorbereiten. Ich bin nachher bei der Gewerkschaft. Ja, ich weiß, von denen hältst du auch nicht mehr viel. Ich hab dich lieb, okay? Ja, danke, das wird schon. Nein, die werden mich nicht nur darauf ansprechen. Danke, Mama. Bis bald.“

Sophie seufzt. Das hat sie wieder einmal nötig gehabt! Warum kann Anna nicht normaler sein?

Warum musste ihre Mutter sich so über Sophies Freundin aufregen? „Stell dir vor, ich wäre deshalb zu spät zum Frühdienst gekommen! Ich hätte mich so geschämt. Da zählen alle darauf, dass man rechtzeitig da ist. Sonst sind die Schichten nicht zu schaffen. Du bist bei allen unten durch, wenn du zu spät kommst. Du weißt, ich freue mich, dass du mit Anna gut auskommst, aber das ist wirklich eine Sauerei."

Sophie gerät in Panik. Sie muss sich jetzt wirklich auf den Workshop konzentrieren, den sie später halten soll. Aber was, wenn die Straßenblockade bei der heutigen Veranstaltung wirklich ein großes Thema werden würde? Wenn die Gewerkschafter:innen gleich emotional werden würden – so wie eben ihre Mutter? Anna stand auf der richtigen Seite. Sophie war sich manchmal nur nicht sicher, ob sie dabei in die richtige Richtung schaute.

Nervös läuft sie in ihrem kleinen Zimmer auf und ab. Sie hätte einfach nicht zusagen sollen. Warum sollte sie den Leuten überhaupt etwas erzählen? Und wenn die heute alle wegen der Aktion so austicken würden wie gerade ihre Mutter? Na ja, mit etwas Glück haben die davon gar nichts mitbekommen. Das hofft sie wenigstens. Sophie schaut auf ihren Terminkalender. 18 Uhr ÖGB-Gebäude. Ein paar Stunden noch, dann muss sie los. Es wird das erste Mal seit Langem sein, dass sie wieder einen Workshop abhalten soll. Früher hat sie das in ihrer Schüler:innengruppe gern gemacht. Aber seit sie vor allem an der Uni war und nebenbei an der Kasse eines großen Kinos arbeitet, hat sich das nicht mehr ergeben.

Sie war zusammen mit ihrer Professorin eingeladen worden, einen Impulsworkshop für mehrere Teilgewerkschaften abzuhalten. Da wäre ein Programmprozess im Gange, meinte ihre Chefin, und die Einladung wäre sehr großzügig bezahlt. Es war sehr nett von der Professorin gewesen, sie dazu mitzunehmen und ihr dabei so viel Raum zu geben. Jetzt verflucht Sophie sie dafür. „Die Klimakrise und ihre Herausforderungen für eine sozial-ökologische Arbeitsplatzpolitik". Allein der Titel lässt sie fast in Tränen ausbrechen. Was kann sie denn Gewerkschaftsfunktionär:innen dazu erzählen? Sie forscht eigentlich in einer Gruppe zu den Möglichkeiten ökologischer Lieferketten in Zeiten der Globalisierung. Irgendwas zwischen Volkswirtschaft, Betriebswirtschaft, Klimawissenschaften und Soziologie, sagt sie immer, wenn sie anderen Student:innen erklären muss, was sie da macht. Ihre Mutter ist stolz auf sie.

Sie schaut auf ihre Notizen, der letzte Satz ist besonders dick durchgestrichen. „Die Grundsatzfrage einer Neuorientierung eines ökologischen Programms moderner Gewerkschaften hängt daran, ob sie an der grundsätzlichen Ordnung der Lohnarbeit als vereinzeltem Arbeitsplatz für den Gelderwerb festhalten möchten oder ob eine Neuordnung der gesellschaftlichen Arbeit in den Mittelpunkt der gewerkschaftlichen Ziele rücken soll." Ein Satzungetüm, wie sie es von der Uni her zu schreiben gewohnt ist. So kommt sie nicht weiter. Einerseits will sie sagen, dass ohne antikapitalistische Perspektiven ein gewerkschaftliches Programm zu ganz anderen Schlussfolgerungen kommen wird, was ökologische Arbeitsplätze angeht. Und dass mit antikapitalistischen Perspektiven ganz andere Ausmaße an ökologischer Veränderung von Produktionsstandorten und Arbeitsplätzen möglich werden. Ein echter System Change eben. Andererseits möchte sie ihnen genau das nicht sagen. Sophie will sich nicht dort hinstellen, um den Gewerkschafter:innen zu erklären, wie Kapitalismus funktioniert oder wie sie die Aufgabe der Gewerkschaften in diesem Prozess sieht. Das weiß sie doch selbst nicht. Eigentlich hat sie damals zugesagt, den Workshop abzuhalten, weil sie selbst gerne darauf Antworten hätte. Sie war neugierig, wie Gewerkschafter:innen das sehen und welche Möglichkeiten diese haben, die sie und Anna beide nicht haben. Mehr Fragen als Antworten, denkt sie, wer hat denn schon die Antworten auf diese großen Fragen? Und irgendwie lässt sie der Satz ihrer Mutter nicht los. Was, wenn alle nur über die frühmorgendliche Straßenblockaden schimpfen wollen? Soll sie das einbauen? Der Arbeitsweg ist ja nun auch irgendwie Teil des Arbeitsplatzes. Was, wenn sie einfach an die Praxis ihrer Mitbewohnerin anknüpfen würde, um das Problem zu beschreiben, das zwischen den Forderungen einer Bewegung für Klimagerechtigkeit und den Interessen von Arbeitnehmer:innen besteht? Und damit verbunden die Schwierigkeiten aufzuzeigen, wie Klimapolitik und Arbeitneh-mer:innenvertretung zusammengeführt werden könnten?

Sophie setzt sich an ihren Laptop und schreibt drauflos. „Probleme einer militanten Klimapolitik. Beispiel Straßenblockaden im Morgenverkehr. Die Analyse, dass der Verkehr das größte Problem in der sozioökologischen Transformation ist, ist richtig. Aber die Klimabewegung erreicht mit ihren direk-ten Aktionen oft nur jene Menschen unmittelbar, die gar nichts für die kritisierten Umstände, wie etwa die bevorzugte Behandlung des Autoverkehrs, können oder für deren Verwobenheit in die ökolo-gische Zerstörung aufgrund ihrer eigenen Ausbeu-tung durch die herrschenden Klassenverhältnisse." NEIN, NEIN, NEIN! Sie löscht das Geschriebene wieder. Ihre Panik nimmt zu. Sie kommt einfach nicht ins richtige Mindset.

Wie könnte sie ihre Mutter davon überzeugen? Oder eine von deren jüngeren Arbeitskolleginnen? Vielleicht waren die ja aufgeschlossener. Sie stellt sich vor, wie die Begegnung zwischen Anna und den Autofahrer:innen heute früh wohl verlaufen sein mochte. Was, wenn ein früherer Kollege ihrer Mutter darunter gewesen ist? War es vermutlich nicht, es ging um eine ganz andere Straße. Aber was, wenn doch? Sophie denkt an einen ehemali-gen Kollegen ihrer Mutter, Gregor. Ihre Mutter hat ihr mehrmals von ihm erzählt. Er war deutlich jün-ger als ihre Mutter, aber sie hat immer erzählt, dass er ihr manchmal Blumen mitgebracht hat. Sie war

65

damals ein bisschen verliebt in ihn. Leider war nie was daraus geworden. Was wäre, wenn Gregor heute früh von Anna aufgehalten worden wäre? Was hätte das mit ihm gemacht? Sophie stellt sich vor, wie Gregor in die Arbeit kommt, zu spät für den Morgendienst. Die Kolleg:innen sind zu Tode genervt, weil sie die Arbeit, die sowieso viel zu viel ist, jetzt mit noch weniger Personal erledigen mussten.

„Hey, Gregor, auch schon da? Keine Sorge, die Leitung hat Bescheid gesagt, dass du zu spät kommst. Diese Kids glauben echt, sie können alles machen, oder? So richtig deppert. Ihre Hände am Boden festkleben und arbeitende Leute in der Früh blockieren. So was muss dir erst mal einfallen – eine Frechheit!" Im Dienstzimmer läuft nebenbei das Radio. Die Begrüßung seines Kollegen lässt Gregor aufhorchen.

„Was meinst du?", fragt er zerstreut.

„Na, diese Klimakinder. Bist du nicht deswegen zu spät gekommen? Das war doch auf deinem Weg hierher, oder? Die haben echt nichts Besseres zu tun."

„Hm, ich weiß nicht. Irgendwo haben die ja schon auch recht mit dem Klimawandel und so. Aber stimmt schon, das mit dem Straße Blockieren ist einfach deppert."

„Gregor, ich versteh nicht, warum du da jetzt so herumeierst. Findest du das nicht superignorant? Wer bezahlt mich dafür, dass ich deine Arbeit auch noch erledigt habe? Ich bin jetzt schon komplett erledigt. Geben die mir dafür mehr Urlaub? Echt, wenn denen das so wichtig ist, dass sie einfach ohne

Rücksicht auf andere Straßen blockieren, sollen sie halt zur Wahl antreten. Werden sie schon sehen, wie wichtig ihr Anliegen anderen Leuten ist."

„Ich finde das eh nicht gut. Aber glaubst du wirklich, die Regierung kümmert sich darum, dass es in Zukunft besser wird mit dem Klima? Die sind doch dauernd mit sich selbst und den Wunschlisten von denen da oben beschäftigt."

„Dann sollen sich die Kids eben wählen lassen. Die Regierung kümmert sich um gar nix, aber das ist ja nichts Neues, und wir haben auch geschaut, dass etwas aus uns wird. Man muss halt anpacken, nicht anderen Leuten den Weg verstellen."

Das hat auch keinen Sinn. Sophie weiß, was Menschen antreibt, die jeden Morgen müde in die Arbeit fahren, sie kennt sie, seit sie klein ist. Sophie weiß auch, was Menschen antreibt, die sich mit ihren Händen frühmorgens auf Straßen kleben, sie ist seit Jahren mit ihnen befreundet und geht mit ihnen auf die Straße. Aber sie findet keine Lösung für das Problem, diese zwei Positionen, die sie beide kennt, miteinander in Einklang zu bringen. Sophie ist sich recht sicher, dass Gregor die Aktivistin eigentlich leidtun würde. Genauso wie sein Kollege, der nun noch erschöpfter durch den Tag kommen muss. Aber sie findet kein versöhnliches Ende. So wie ihre Mutter von Gregor erzählt hat, fände er es bestimmt auch wichtig, dass mehr gegen die Klimakrise unternommen wird. Aber daraus entsteht auch in ihrer Fantasie keine solidarische Verständigung, aus der gemeinsame Kämpfe folgen. Das ist

67

alles Wunschdenken, weil ihr keine wirkliche Vermittlung zwischen diesen Problemen einfällt.

So ein Dialog ist es auch nicht. Man kann so etwas nicht mit einer Person schreiben, die im Auto sitzt, weil 1000 Menschen im Auto sitzen und zu 2000 Jobs fahren. Dieses eine Gespräch verallgemeinert die Personen zu Autofahrer:innen, die sie die meiste Zeit des Tages nicht sind. So wie es in ihren Seminaren Leute gibt, die Leute in der Klimabewegung auslachen, wird es das auch bei den meisten Arbeitsplätzen geben. Genauso, wie es umgekehrt Sympathien gibt. Aber von den Sympathien führt auch kein direkter Weg zu einer Lösung. Wie soll sie es heute angehen? Ihre Chefin meinte, sie würde Sophie nach ihrem eigenen kurzen Input zu den wichtigsten Eckpunkten der Klimakrise freie Hand lassen. Vielleicht weiß sie selber ja auch nicht, was sie den Leuten sagen soll. Sophie überlegt lange. Schließlich kommt ihr doch eine Idee: Sie wird versuchen, ein gemeinsames Gespräch zu entwickeln. Zwischen ihr als Vertreterin der Klimabewegung oder zumindest eines Teils davon und den Funktionär:innen als Teil der Arbeitnehmer:innenvertretung. Ein Gespräch darüber, dass wir alle wissen, warum es so wirklich nicht bleiben kann. Gleichzeitig aber auch eines darüber, dass wir wissen, warum es für viele Arbeitnehmer:innen mindestens verständliche Motive gibt, die dafürsprechen, dass alles so bleibt, wie es ist, wenn nicht klar ist, wie die Alternativen aussehen sollen und genauso wenig klar ist, wer imstande ist, diese durchzusetzen.

Und dass wir gar nicht wissen, was sich Arbeitneh-mer:innen allgemein von einer Klimapolitik erwar-ten, um Teil von ihr zu werden.

Sophie schaut auf die Uhr. Noch zwei Stunden. Shit, sie hat vergessen, den Kater zu füttern. Sie springt auf und leert Futter in seinen Napf. Sie wirft einen Blick auf den Küchenstuhl. Annas Jacke fehlt noch immer.

Das gute Leben
für alle?

„Die dramatischen Folgen der Klimakrise sind nicht neu. Sucht man danach, wie viele Menschen daran sterben werden, findet man aus verschiedensten Jahren Berichte dazu: Jeder einzelne davon liest sich wie ein verzweifelter Weckruf, nur die Zahlen werden mit der Zeit weiter und weiter nach oben korrigiert. Die Klimakrise zerstört die Gegenwart vieler und die Zukunft von noch vielfach mehr Menschen. Aber wir wissen mittlerweile genau: Die Klimakrise betrifft uns nicht alle gleich. Wenn wir den Planeten retten wollen, dann doch deshalb, damit alle Menschen ein gutes Leben haben können." Sophie hört ihrer Professorin zu. Sie beobachtet die Menschen im Raum.

Alle schauen die Vortragende an. Gelangweilt? Neutral irgendwie. „Ein gutes Leben für alle", steht über dem Eingang des Gebäudes des österreichischen Gewerkschaftsbunds, durch den Sophie vorhin getreten ist. Was soll das eigentlich konkret heißen? Sie unterbricht ihre Professorin. „Und warum haben so viele und immer mehr Menschen kein gutes Leben?" Ein Raunen geht durch den Raum. Alle schauen zu ihr. Was kommt jetzt? Ihre Professorin blickt belustigt auf. „Eine gute Frage. Auch nicht gerade neu, aber immer wieder interessant." Grummeln im Raum. „Was würden Sie sagen", wendet sie sich an ihren Sitznachbarn, der anfangs einleitende Worte gesprochen hat. „Was hat das Schild über Ihrem Eingang mit der Arbeit des ÖGB zu tun?"

Sophie dreht den Kopf weg. Der Zynismus ihrer Chefin war manchmal einfach nicht auszuhalten.

Kein Wunder, dass Anna sich von ihr so provoziert gefühlt hat. Aber anscheinend ist ihr Gastgeber deutlich weniger überrascht. „Was würden Sie sagen? Wie weit hat es die Klimaforschung beim Verhindern der Klimakrise gebracht?", gibt er grinsend zurück. Sophie fühlt sich getroffen. Er hat natürlich recht. Irgendwie. Dennoch kränkt es sie. Ihre Chefin offenbar nicht. Sie lacht. „Also dann, wollen wir?", fragt sie Richtung Sophie.

Warum fühlt Sophie sich hier so fremd? Sie ist mit ihrer Chefin hier, um einen Workshop abzuhalten. Eigentlich eine klare Rolle. Aber diese Rolle will sie nicht einnehmen. Kann es nicht. Hat ihre Professorin ihr gerade eine Lektion erteilt? Zu Hause war Sophie sich noch sicher gewesen. Sie würde ein gemeinsames Gespräch in Gang setzen. Doch der Vortrag der Professorin schüchtert sie ein. Wie damals in den ersten Unisemestern. Er wirkt geschlossen, folgerichtig. Was soll man darüber reden? Ihr Gastgeber hat die Spitze liebevoll zurückgegeben. Nicht böswillig, gar nicht. Aber sie ist nicht hier, um etwas zu erklären.

Während Sophie diese Gedanken durch den Kopf schießen, nickt die Professorin ihr zu, nimmt Sophies Schweigen als Einverständnis und setzt ihren Vortrag fort. „Meine Kollegin hat ganz gut gefragt. Was heißt das eigentlich, dass so viele Menschen heute schon kein gutes Leben haben? Nehmen wir das Beispiel Energie. Während das Heizen und die Stromproduktion mit Öl und Gas schon jetzt zu den größten Verursachern der Klimakrise gehören, gibt es allein in Österreich Hunderttausende Haushalte, die sich Strom und Heizung nicht oder nicht mehr leisten können.[33] Weltweit hat immer noch einer von zehn Menschen keinen Zugang zu Strom.[34] Wollen wir, dass das so bleibt?" Sie schaut auffordernd in die Runde. Überall energisches Kopfschütteln. Sie fährt mit ihrer PowerPoint-Präsentation fort. „Natürlich nicht. Wir wollen, dass all diese Menschen eine warme und helle Wohnung haben. Vom Standpunkt der sozialen Gerechtigkeit aus wollen wir, dass viele Menschen mehr Energie zur Verfügung haben. Gleichzeitig wollen wir aber auch, dass nicht noch mehr CO_2 in die Luft geblasen und die Klimakrise angeheizt wird. Vom Standpunkt der Klimakrise aus wollen wir also, dass nicht noch mehr Energie verbraucht wird. Denn auch nachhaltige Energie verbraucht zumindest anfangs sehr viele Ressourcen in der Erzeugung. Vereinfacht gesagt: Wir wollen mehr Energieverbrauch und weniger Energieverbrauch gleichzeitig." Sophie hört nur mit einem Ohr zu. Warum fühlt sie sich wie in einem Theaterstück? Als wären alle davon überzeugt, dass hier und jetzt ohnehin nichts zu ändern war – und als wäre Sophie die Einzige, die das nicht weiß. Sie blickt sich suchend um. Ihr wird immer unwohler zumute.

73

„Dieses Paradoxon steht im Raum", betont die Professorin jedes einzelne Wort sehr deutlich. „Und um die Sache noch komplizierter zu machen: Die Leute, die bisher weniger Zugang zu Strom und Heizung hatten, hatten weniger Anteil an der

Klimakrise. Und sie leiden schon jetzt häufiger unter ihren Folgen, sei es durch Dürre und Trockenheit, sei es durch Hitze in Stadtteilen ohne ausreichend große Grünflächen.[35] Alle Studien sind sich einig: Je geringer das Einkommen einer Person und ihres Heimatlands, desto härter wird die Person von den Folgen der Klimakrise getroffen werden." Sophie ist sich nun überhaupt nicht mehr sicher, wohin das führen würde. Sollte es nicht um Arbeitsplätze gehen? „Das können wir als das ökologische Paradoxon der Ungleichheit bezeichnen. Die Klimakrise trifft diejenigen am meisten, die am wenigsten zu ihr beigetragen oder etwas dafür bekommen haben und für die wir uns am meisten eine Veränderung ihrer Lage wünschen – was unter den momentanen Bedingungen eine weitere Verschärfung der Klimakrise bedeuten würde."[36] Wieder zustimmendes Nicken in der Runde.

Sophie ringt mit sich. Ist Gerechtigkeit der Schlüssel zu allem? Dann beschließt sie, das Wort zu ergreifen. „Wie wir sehen, haben die Auswege aus der Klimakrise und ein gutes Leben für alle Menschen also in vielfacher Weise miteinander zu tun. Es geht aber doch gar nicht darum, dass wir als Gesellschaft über wenig Wohlstand verfügen, sondern schlichtweg darum, dass manche zu viel haben und dafür sehr vielen zu wenig bleibt. Es gibt mehr als genug für alle, vielleicht sogar zu viel, aber es ist nicht gut verteilt. Während jeden Tag ca. 3,5 Millionen Tonnen Lebensmittel weggeworfen werden, über eine Milliarde Tonnen pro Jahr, nimmt die Zahl der Hungernden weltweit wieder zu. Doch es gibt bei Lebensmitteln eine Ressourcenverschwendung in unglaublichem Ausmaß. Im Globalen Norden gibt es Nahrung im Überfluss, während Menschen im Globalen Süden hungern. Es ist wie meistens kein Ressourcen-, sondern ein Verteilungsproblem."[37] Spontaner Applaus ertönt. Kurz macht sich bei Sophie Erleichterung breit. Doch das Gefühl, sich in einem Theaterstück zu befinden, bleibt.

Ihre Professorin nickt zustimmend. Doch dann lacht sie und wirft ein: „Wo Klimakrise herrscht, leiden die Kinder am meisten. Außer die Eltern haben einen Pool im Garten. Und da fängt die Schwierigkeit an", wendet sie sich wieder an die Teilnehmer:innen. „Dazu gehören natürlich auch einige eurer Mitglieder." Wieder ein Raunen, unterbrochen durch betretenes Nicken oder Schnauben. Sophie kann nicht einordnen, ob die Stimmung gerade kippt. Einer aus der ersten Reihe wirft ein: „Klar, wenn wir leben, verbrauchen wir Ressourcen. Ob wir essen, wohnen, arbeiten oder unterwegs sind, wir und unsere Infrastruktur stoßen Treibhausgase aus. Und bei den meisten Dingen ist es gar nicht so einfach zu entscheiden, was am sinnvollsten ist. Im Winter Tomaten aus Spanien oder doch aus dem lokalen Gewächshaus? Wer weiß schon, dass die aus Spanien weniger CO_2 ausstoßen? Oder gar keine Tomaten im Winter? Auch eine Möglichkeit. Aber alle Tomaten vom Supermarktregal in den Abfallcontainer, bis alle kapiert haben, dass sie eh nur im

75

Sommer nach etwas schmecken? Das ist doch keine politische Lösung." Zustimmendes Nicken in der Runde. Ein anderer Teilnehmer scherzt: „Ich esse Tomaten sowieso nur aus der Dose, die frischen schmecken heute immer nach Abwaschwasser." Alle lachen, Sophie auch.

Sie greift den Gedanken auf: „Das ist ja sogar noch eine leichte Entscheidung. Grausliche Tomaten kann man liegen lassen. Aber wenn wir in der Früh zur Arbeit, zur Schule oder zur Uni fahren, müssen wir entscheiden, ob wir die Öffis nehmen, das Rad oder das Auto – vorausgesetzt, wir können das überhaupt entscheiden. In Wien ist die Entscheidung fürs Rad mit Lebensgefahr verbunden, in manchen Orten ist es der schnellste Weg zum Bahnhof." – „Das stimmt wirklich", bestätigt ein anderer Teilnehmer, der aus Salzburg angereist ist. „Meine Schwester ist nach ihrer Heirat wieder aufs Land gezogen. Wenn ich sie besuche, fahre ich danach von ihr immer mit dem Rad zum Bahnhof. Meine Schwester will mich aber unbedingt mit dem Moped zurückbringen. Aber dann sind wir einmal um die Wette gefahren. Das Moped kam aber schlechter über die Schlaglöcher. Ich habe dann am Bahnhof mit einem Eis auf sie gewartet." Wieder erfüllt Lachen den Raum. Sophie freut sich. Es passierte etwas. Sie krempelt die Ärmel ihrer Bluse hoch. Die Diskussion geht zwar weit am eigentlichen Thema vorbei, aber was dabei besprochen wird, wird irgendwie echter. „Deshalb ist es wichtig, dass die Klimafrage nicht als moralische

Frage behandelt wird", fügt der Teilnehmer aus der ersten Reihe hinzu.

„Genau", sagt ein anderer. „Denn es geht hier nicht darum, sich individuell richtig oder falsch zu entscheiden. Es ist schließlich nicht schwer, nachhaltig zu leben, wenn man alle seine Lebensentscheidungen frei treffen kann und sich um seinen Kontostand keine Sorgen machen muss. Aber das trifft auf die wenigsten zu. Und die wenigen, die sich einen nachhaltigen Lebensstil tatsächlich leisten könnten, tun es nicht." Sophie sucht den Blick ihrer Chefin. Die lächelt amüsiert zurück.

Sophie weiß bis zum Ende der Veranstaltung nicht, ob dabei mehr Fragen aufgeworfen wurden, als es Antworten gibt. Sie ist sich auch nicht sicher, wie sie das Ganze einschätzen soll. Es *ist* ein Gespräch geworden. Kein wissenschaftlicher Vortrag. Aber löst es irgendetwas aus? Wie sähe ein politisches Gespräch zu dieser Frage aus? Sie weiß es nicht. Ihre Mutter sagt manchmal zu ihr: „Sophie, man kann eine Sache auch zerdenken. Aber das hilft dir auch nicht weiterzukommen." Sie will ihre Unsicherheit offen teilen und sich deklarieren. „Ob wir es schaffen, kollektiv an einer sozialen, solidarischen und gerechten Welt zu arbeiten, weiß ich nicht. Aber die Klimafrage ist eine soziale Frage. Und im Kapitalismus ist sie damit eine Klassenfrage." Wohlwollende Zustimmung. „Woran knüpfen wir dann an?", fragt Sophie laut.

Diese Frage geht ihr noch durch den Kopf, als sie das Gewerkschaftsgebäude verlässt. Sie versucht,

77

ihre leicht verschwitzten Handflächen an der Hose abzutrocknen. Die letzten Sonnenstrahlen des Tages blenden sie. Sie kneift die Augen zusammen und wirft einen Blick auf ihre Armbanduhr. Ob Anna wohl schon draußen ist? Sie wählt ihre Nummer. Aber niemand hebt ab.

Über
Freund-
schaft

Stadion. Krieau. Messe–Prater. Die U-Bahn-Stationen ziehen vorbei. Sonnenuntergang über der Stadt. Die nächste Station ist Praterstern. Der Supermarkt dort hat noch offen. Soll sie Wein kaufen? Sophie steht auf. Durch die hintere Waggontür strömen Menschen herein. „Sophie!" Sie dreht sich um. „Palli!" Sie setzt sich wieder hin. Sie hat Palli ewig nicht gesehen. Früher haben er, Anna und sie viel Zeit miteinander verbracht.

Sophie hält ihm einen Sitzplatz frei. „Hey, wie geht's dir? Wie war dein Vortrag?", will Palli wissen. – „Woher weißt du das, wir haben uns ja gar nicht gesehen?" – „Anna hat's mir gesagt", gibt Palli mit einem Grinsen zurück. „Sie meinte, du rennst seit Tagen nervös durch die Wohnung." – „Willst du Streit anfangen?" Beide lachen und umarmen sich. „Hast du heute schon was von Anna gehört? Ich glaube, sie sitzt noch im PAZ", sagt Sophie. – „Ja, gut möglich. Und nein, ich habe noch nichts von ihr gehört. Aber von ein paar anderen aus der Gruppe habe ich erfahren, dass sie mitgenommen worden ist." – „Ich mach mir Sorgen, Palli. Sie haben doch letztens Leuten dort die Rippen gebrochen." – „Ja voll, die eskalieren grad. Aber mach dir keine Sorgen, Sophie. Ich bin mir sicher, Anna managt das. Sie ist dann immer so entwaffnend, weißt du? Nicht, dass sie die Bullen um den kleinen Finger wickelt, aber sie schafft es irgendwie immer, heil rauszukommen." – „Hast recht", seufzt Sophie.

An der Donau steigen sie aus.

„Ich muss da umsteigen." Sophie deutet auf die Rolltreppe, die nach oben führt. – „Hast du's eilig?", fragt Palli. „Sonst könnten wir noch was gemeinsam unternehmen." – „Urgern, ich möchte sowieso nicht allein zu Hause herumsitzen, solange Anna nicht raus ist." Palli zieht Sophie Richtung Lift. Die Tür geht auf. Ein Kinderwagen. Füße. Sophie schaut zu Boden. „Mach dir keine Sorgen", sagt Palli und legt ihr tröstend den Arm um die Schulter. – „Ich wollte eigentlich am Praterstern Wein kaufen", erwidert Sophie. – „Sollen wir noch einen besorgen, bevor wir zum PAZ gehen?" Sophie schaut ihn erstaunt an. „Ich meine – wollen wir vorm PAZ auf Anna warten?", erklärt Palli. – „Ja, gern. Danke, Palli". Die beiden steigen in den Lift und fahren nach oben. Die Luft ist angenehm kühl geworden. Sie spazieren den Fluss entlang und holen Wein aus Pallis WG. „Wo warst du eigentlich?", fragt Sophie. – „Auf der Baustelle", ist die Antwort. „Heute war Bautag." Seit ein paar Wochen waren die Baustellen einer neu geplanten Straße besetzt. „Weißt du, wir haben ja gar nicht damit gerechnet, dass wir länger besetzen würden. Aber jetzt, wo es läuft, brauchen wir eine stabilere Infrastruktur."

Palli heißt eigentlich Pasqual. Er kommt ursprünglich aus Leoben und hat Tontechnik gelernt. Mit seinem knallgelben Transporter, den er aus alten Postbeständen gekauft hat, ist er zum Logistiker von Fridays for Future geworden. Im Moment steht sein Wagen neben der besetzten Baustelle und dient als verschließbares Lager. Sophie erinnert sich, dass sie gemeinsam mit Anna ein paar Tage an den See gefahren waren. Damals war der ganze Hinterraum mit Matratzen ausgelegt gewesen. „Und was sind jetzt eure Pläne mit der Besetzung? Meinst du, dass da was draus werden kann?"

Die allerletzten Sonnenstrahlen und der Schein der ersten Straßenlaternen spiegeln sich im Wasser um die Wette. Ein paar Möwen fliegen über ihre Köpfe. Autos rasen an ihnen vorbei. Palli und Sophie balancieren einen engen Grasstreifen entlang, auf dieser Seite gibt es keinen Gehweg. „Ja, ich glaube schon. Es ist ein enger Austausch. Viele Leute passen auf den ersten Blick gar nicht zusammen. Aber die Leute aus den Bürger:innenbewegungen, die da schon ewig aktiv sind, die sind so lieb. Die haben uns schon fast adoptiert." – „Und habt ihr keine Scherereien mit der Polizei?" – „Na ja, am Anfang schon. Grad ist es aber recht ruhig. Warte kurz, ich bin gleich wieder da." Palli verschwindet in einem Hauseingang. Sophie denkt an Anna. Wie es sich wohl anfühlt, so allein in einer Zelle zu sitzen? Ans Geländer gelehnt, schaut sie auf den Fluss. Am anderen Ufer entdeckt sie zwei Gestalten. Sie malen an die Wand, das ist hier meistens legal. Eine Erdkugel voller Fabrikschornsteine. Davor eine Figur, ein Sperrband in der Hand. Das Gesicht kaum zu erkennen. „Worte wollen nichts bewegen, Worte tun niemandem weh", steht daneben. Eine der Gestalten macht sich mit einem Farbroller daran zu schaffen. Sophie denkt an die vielen Demos, auf denen sie schon gewesen ist. Auf praktisch jeder hatten sie etwas von den Ärzten gespielt, „Es ist nicht Deine Schuld, dass die Welt ist, wie sie ist. Es wär nur Deine Schuld, wenn sie so bleibt." Schreien, tanzen, ihre Freund:innen umarmen. Ob das genug war?

„Ach, da bist du!" Palli reißt sie aus ihren Gedanken. Mit einer Flasche und zwei Bechern in der Hand kommt er über die Straße gelaufen. „Lieber grenzenlos dicht als dichte Grenzen" steht darauf. Sophie lacht. „Es ist ja wirklich nicht das erste Mal, dass Anna so etwas macht." Sie beginnt allmählich, sich zu entspannen.

Sie gehen an der U-Bahn-Station vorbei Richtung Polizeianhaltezentrum. „Weißt du, Sophie, das Problem ist wirklich nicht, dass Anna im Konflikt mit der Straßenverkehrsordnung steht. Das muss man ja sogar, wenn man der Autolobby was entgegensetzen will. Ich finde nur, es wirkt schon auch ..." Palli stockt. – „Lange nicht gesehen, Herr Pasqual!", tönt es von einem der Stehtische eines Beisls. – „Herr Walter, was machst du denn da?" – „Na hör mal, du wirst doch wissen, dass das hier die Einzigen in Wien sind, die mein Bier hier haben." – „Quatsch. Das sind nicht die Einzigen, die Puntigamer haben." – Sophie wartet kurz und fragt dann in die entstehende Stille hinein: „Hallo, ich bin Sophie, wer bist du?" – „Na, ich bin der Herr Walter, den dieser junge Mann seit Wochen in bezahlten Urlaub schickt", gibt der Mann lachend zurück. Sophie schätzt ihn auf Anfang 40, seine kurzen Haare sind schon etwas licht geworden. Er gibt ihr die Hand. „Hallo, ich bin Walter, will ich sagen." – Palli klopft Walter auf die Schulter. „Herr Walter, sehr schön, dich zu sehen, wir müssen leider weiter. Die haben heute eine von uns eingesperrt." – „Ach, wegen der Straßenblockade. Na ja, du kennst ja meine Meinung dazu." – „Ich weiß, Walter. Aber danke, dass du uns auf der Baustelle keine Steine in den Weg legst." – „Na ja, warum sollte ich denn? Ich sag euch gleich mein nächstes Projekt, wo sie mich einsetzen, das könnt ihr dann auch gleich besetzen. Na, dann los, ihr zwei Hübschen", sagt Walter und zwinkert Palli und Sophie zu. Beide laufen etwas rot an.

Vor dem PAZ suchen sie sich einen Platz zum Sitzen. Palli füllt die Becher. Randvoll. „Was war das gerade?" – „Na der Herr Walter war das, ein Bauarbeiter von unserer Baustelle." – „Seid ihr befreundet?" – „Na ja, ich glaube, wir mögen uns. Er hat einen guten Humor. Er macht dauernd solche Scherze." – „Aber stört ihr ihn nicht bei der Arbeit?" – „Die meisten finden es eigentlich ganz okay. Am Anfang war es schon schwierig, wir wussten ja auch nicht, wie das mit den Gehältern der Leute ist, wenn sie nicht bauen können. Aber es stellte sich heraus, dass das für die meisten eigentlich kein Problem ist. Die werden tatsächlich bezahlt oder auf eine andere Baustelle versetzt. Und im Frühverkehr will ja niemand freiwillig rausfahren", sagt Palli und lacht. „Der Walter meinte ja, er würde mit uns auch gemeinsam Straßen besetzen, aber nur, wenn wir ihm eine lustige Perücke kaufen. Manche sind

85

echt verständnisvoll und sagen hinter vorgehaltener Hand, dass sie das eh richtig finden, was wir machen. Die meisten sagen das allerdings aus dem Grund, dass wir sie damit am allerwenigsten treffen. Natürlich wäre es schön, wenn wir alle gemeinsam gegen den Straßenbau aufstehen könnten, aber davon sind wir noch ein paar Schritte entfernt."

Das Tor des Polizeianhaltezentrums geht auf. Jemand huscht heraus. Sophie und Palli blicken auf. Die Person entfernt sich schnell. „War das Anna?", fragt Palli. – „Nein, Anna müsste doch Richtung U-Bahn gehen." – „Stimmt. Und größer ist sie obendrein." Langsam wird es kühl. Die Becher sind fast leer. Sophie schenkt beiden nach. „Es wäre wirklich schön, wenn wir es schaffen würden, gemeinsam mit den Autofahrer:innen Straßen zu blockieren. Noch schöner wäre es, wenn wir einen Dienststreik vieler Arbeiter:innen gegen die Klimakrise hätten. Zu viele Unternehmen stellen ihre Firmen und Geschäftslokale auf unerschlossene Wiesen, natürlich kommt man dort ohne Auto gar nicht hin. Und der Staat erlaubt das auch noch. Wie schön wäre es, wenn wir gemeinsam dafür streiken würden, dass wir ohne Klimazerstörung an die Orte kommen, an denen wir arbeiten. Dann würden sich auch die Arbeitsorte ändern. Es wäre großartig, wenn wir gemeinsam für eine andere Arbeit und andere Arbeitswege kämpfen würden. Die Autos würden stillstehen, weil die Arbeiter:innen so nicht mehr arbeiten wollen. Wenn es uns gelingt, dass die Autofahrer:innen auf unserer Seite sind, weil wir für die gleichen Interessen kämpfen, könnten wir wirklich etwas verändern", träumt Sophie vor sich hin. „Weißt du, der Workshop heute beim ÖGB war echt cool und spannend, aber sehr viel weiter hat er mich nicht gebracht." – „Ich glaube, es braucht halt einen realistischen Blick auf Leute wie Walter. Der sagt hinter vorgehaltener Hand, dass das, was er da baut, ziemlich scheiße ist, aber schließlich muss er damit seine Rechnungen bezahlen. Klar, wir träumen von der großen Allianz. So ein gemeinsamer ziviler Ungehorsam würde rasch dazu führen, dass in den Ministerien und bei den Großunternehmen die Alarmglocken schrillen. Denn deren Kassen klingeln nur, wenn die Leute brav in die Arbeit fahren. Das wäre echter Druck und Ungehorsam, der sofort Auswirkungen hat. Wahrscheinlich würden die meisten Leute das dann gar nicht mehr als Ungehorsam wahrnehmen, sondern als neue Regel, wie Menschen von unten die Gesellschaft gestalten können. Aufhören, zu tun, was uns und unsere Zukunft kaputt macht, anfangen, an einer besseren und gerechteren Gesellschaft zu arbeiten. Aber ..."

Die beiden sehen, wie das Tor des PAZ sich wieder öffnet, und diesmal kommt wirklich Anna heraus. Anna in ihrem grauen Pulli und mit den zerzausten blonden Haaren. Sophie fällt ihr um den Hals, während Palli sie mit „Na, hallo, du Staatsfeindin", begrüßt. Anna lächelt müde.

Take back the streets

Ich habe sie getroffen. Die Aktivistin, die im PAZ sitzt und die es so nicht gibt, aber Hunderte auf der ganzen Welt, die so sind wie sie. Die Autofahrer:innen, die zur Arbeit müssen und genervt davon sind, nicht weiterzukommen. Das Mädchen, das nicht weiß, warum Regierungen nicht handeln und das nicht Mona heißt. All jene gibt es zu Tausenden, sie alle sind Teil des Klimaprotests und damit unserer Protestgeschichte, ob aktiv oder passiv.

Und ich habe sie erlebt. Die Geschichten, die im morgendlichen Blaulicht anfangen und vor dem Polizeianhaltezentrum enden. Die Versuche, sich auf Podiumsdiskussionen vorzubereiten, die oft einen ganz anderen Verlauf nehmen als erwartet. Weil Menschen und ihre Geschichten in ihrer Vielzahl nicht vorhersehbar sind und wir mit- und aufeinander Einfluss nehmen. Weil man über Politik nicht reden kann, ohne dabei Phrasen zu dreschen, sondern Politik nur gemeinsam machen kann.

Einige von denen, mit denen ich Politik gemacht habe, schreiben in diesem Buch darüber, was Protest mit uns macht und was unser Protest mit der Welt macht. Wir alle sind diese Gesellschaft und auch Teil ihres Wandels. Wir alle haben unseren Alltag, unsere Rollen und unsere Geschichte und damit auch die Fähigkeit, als Protagonist:innen die Art, wie wir auf die Welt blicken, zu verändern.

„Wir nehmen die Zukunft jetzt in unsere Hand!" Diesen Satz schleudern wir auf unseren Demos den Regierungen entgegen. Denn das ist es, was wir wollen: die Zukunft selbst in die Hand nehmen.

Wir sagen: Politisch aktiv zu werden und selbst zu beginnen, die Gesellschaft zu verändern, ist die einzige Lösung für die Klimakrise. Aber wie? Indem wir erkennen, dass es die eine richtige Antwort nicht gibt, sondern bloß eine Sammlung von Ideen, basierend auf historischen und eigenen Erfahrungen, wie wir diese Welt gemeinsam verändern können.

Bei Fridays for Future haben Schüler:innen 2019 weltweit damit angefangen, freitags nicht in die Schule, sondern auf die Straße zu gehen. Das hat klein angefangen und wurde schnell riesengroß. Am Anfang war da ein Mädchen, das sich mit einem Schild vor das schwedische Parlament gesetzt hat, statt in die Schule zu gehen. Viele Millionen Menschen haben sich entschieden, aktiv zu werden und diese globale Bewegung geformt. Das gemeinsame Ziel war: Die Regierungen sollen sich an die von ihnen unterzeichneten Abkommen halten. Das 1,5-Grad-Ziel als zentrale Forderung. Überall auf der Welt meldeten sich junge Schüler:innen zu Wort, die sich fragten, warum sie noch in die Schule gehen sollen, wenn ihre Zukunft auf diesem Planeten ohnehin ungewiss ist. Auf an die Entscheidungsträger:innen adressierten Schildern steht: „Warum soll ich meine Hausaufgaben machen, wenn ihr eure nicht macht?"

Durch eine breite Klimabewegung ist die Klimakrise vom Nischenthema zu einem geworden, das in fast jedem Medium ein eigenes Ressort hat und breit diskutiert wird. Sie wird mittlerweile als die relevante Krise behandelt, die sie eben ist. Bei den meisten Podiumsdiskussionen wird der Klimaaspekt schon von der Moderation mitgedacht. Die meisten Marken haben angefangen, Ökolinien zu entwickeln oder sich nachhaltig zu geben.

Selbst Akteur:innen, die erbittert gegen die Energiewende eintreten, nehmen unser Label auf. Die Wirtschaftskammer nennt sich Wirtschaftskammer for Future, weil heute offenbar alles mit Klimaaktivismus vereinbar sein muss. Aber das hat engere Grenzen, als wir sie uns leisten können. Viele dieser Kräfte blockieren nämlich noch immer die meisten effektiven Klimaschutzmaßnahmen, wie etwa den Ausbau von erneuerbaren Energien oder wirksame Steuern gegen den CO_2-Ausstoß. Ein großer Teil der Gesellschaft ist erreicht, und trotzdem passiert zu wenig.

Unser System produziert aus sich heraus Krisen. Wir haben eine Politik, die Wissenschaftler:innen und ihre empirischen Erkenntnisse noch immer ignoriert, und wir haben Entscheidungsträger:innen, die auch jetzt noch mit leeren Versprechungen versuchen, ihre Untätigkeit noch ein paar Jahre länger zu rechtfertigen. Die Zeit wird immer knapper, die Lage verzweifelter. Klimaforscher:innen werden lauter und Klimaaktivist:innen radikaler.

Ein „Weiter wie bisher" ist nicht mehr möglich. Trotz vieler Jahre Klimaprotest sind wir den Klimazielen keinen Schritt näher gekommen. Die großen politischen Tanker haben sich nur ein winziges bisschen bewegt.

Was bedeutet das für uns, und welche Möglichkeiten haben wir? Wie wird man politisch aktiv? Gründet man einfach eine Organisation? Wo fange ich an? Was muss ich dafür können? Ich hatte von alldem anfangs keine Ahnung. Vieles davon habe ich einfach gemacht. So wie unzählige Menschen vor mir. Und hoffentlich unzählige Menschen neben und mit mir. Auf Lösungen kommen wir meistens erst, wenn wir uns dem Problem stellen.

Greta Thunberg hat gesagt, dass niemand zu klein ist, diese Welt zu verändern. Und doch scheint der Schritt, politisch aktiv zu werden, anfangs sehr groß zu sein. Aber eigentlich ist es nur eine bewusste Entscheidung. Wir müssen nur mutig genug sein, diese Entscheidung zu treffen und Verantwortung für die Entwicklung dieser Gesellschaft zu übernehmen. Allein sind wir klein, gemeinsam in einem Kollektiv sind wir groß.

Politischer Aktivismus hat viele Formen: Aktionen, Petitionen, Kundgebungen, Lichtermeere, Demonstrationen, (Schul-)Streiks, Blockaden. Keine dieser Aktionsformen ist per se die richtige. Was richtig ist, hängt vom Thema und von den strategischen Zielen ab. Manches davon ist ziviler Ungehorsam. Deswegen kann es trotzdem richtig sein. Manchmal sogar gerade deshalb.

Ja, wir können unsere Meinung auch bei Wahlen kundtun. Das System gibt diese Form der Beteiligung vor. Relevant, aber zahnlos. Die Grünen sind in Österreich und Deutschland in die Regierung gekommen und konnten bei den Wahlen das, was in der Gesellschaft in Bewegung gekommen war, für sich nutzen. Aber waren die Grünen in Deutschland nicht auch schon vorher in einer Regierung? Liegt es immer nur an den anderen, dass sie unsere Erwartungen nicht erfüllen? In Österreich hatten wir ein großes Klimavolksbegehren, Unmengen an Bürger:inneninitiativen. Sogar ein Klimarat wurde als Bürgerbeteiligungsprojekt etabliert. Sind das die Erwartungen unserer Bewegung? Nein. Sind das die Erfolge unserer Bewegung? Nicht für mich.

Die Art, wie wir in die Welt eingebunden sind, aktiv oder passiv, nur als ein Teil davon oder selbst gestaltend, bestimmt unsere Weltanschauung. Wahlen sind demokratisch, aber sie fördern die Demokratie nicht. Sie geben anderen die Macht, die Gesellschaft von oben zu gestalten. Diese anderen wollen das aber gar nicht. Sie sagen, sie können es nicht. Unserer Bewegung ist es gelungen, für viele Menschen eine andere Verbindung zu unserer Gesellschaft aufzubauen. Der Erfolg von Fridays for Future besteht für mich darin, dass viele Menschen erkannt haben: Wir können nicht mehr darauf setzen, dass jemand anderes die ökologische Frage für uns beantwortet. Wir haben gelernt, dass wir das, was uns wichtig ist, nur dann voranbringen, wenn wir gewohnte Grenzen überschreiten. Schulstreiks waren der erste Schritt. Wir sind die Generation, die ihr Leben mit der Klimakrise verbringen muss. Wir sind die Generation, deren Lebensmöglichkeiten davon abhängen, wie wir der Klimakrise begegnen.

Die Klimakrise ist nicht nur eine Krise der Umwelt, der Ökosysteme oder der Biodiversität. Die Klimakrise ist auch eine Krise der Demokratie. Demokratische Staaten schaffen es nicht, die Maßnahmen, die notwendig wären, schnell genug umzusetzen, nach einem langfristigen Plan.

Demokratie wurde von den Bürgern nicht erkämpft, weil sie Demokraten waren. Demokratie wurde erkämpft, weil die Bürger nicht mehr hinnehmen wollten, dass die Aristokratie über ihre Köpfe hinweg bestimmt. Warum sollen wir uns an die alten Regeln halten, wenn sie das Leben von Milliarden Menschen und unsere Zukunft zerstören? Die Regeln einer Gesellschaft müssen immer wieder neu ausgehandelt werden. Sie müssen dem entsprechen, was wir zum (Über-)Leben brauchen. Deshalb müssen und werden wir alle Schritte gehen, die uns möglich sind. Uns weiter organisieren, uns stärker in allen Bereichen der Gesellschaft verankern. Wir können und sollten uns nicht darauf verlassen, dass irgendwer die Krisen für uns lösen wird.

> What do we want? – Climate Justice!
> When do we want it? – Now!
> Act? – Now!

Das war einer der ersten Demo-Sprüche, den ich bei meinen ersten Fridays for Future-Demos mitbekommen habe. Im Laufe der Zeit wurde er um einen Zusatz ergänzt:

Are we gonna fight for it? – Yes!
Are we gonna get it? – Yes!
So act? – Now!

Dieses „Act now!" richtet sich nicht mehr an die Regierenden, sondern an die Menschen, die es rufen und an jene, die noch nicht aktiv sind. Protest ist eines der wichtigsten Mittel unserer Demokratie – als Willensbekundung jener Teile der Bevölkerung, die sich nicht den herrschenden Interessen – wie etwa dem fossilen Kapitalismus – unterwerfen. Sondern darauf bestehen, gesellschaftliche Interessen durch zivile und organisierte Akteur:innen auszuhandeln.

Wann,
wenn nicht jetzt?

Wer,
wenn nicht wir?

Gastbeitrag von Johannes Stangl,
Mitbegründer von Fridays for Future in Österreich

„Viele meiner Studierenden fragen mich: Wie soll ich meine Zeit einteilen? So 50 % Wissenschaft, 50 % Aktivismus? Ich sage ihnen dann, dass sie das selbst bestimmen müssen. Aber es stimmt, dass sich das Selbstbild der Wissenschaft wandelt, das erlebe ich auch an mir selbst." Zunächst schlucke ich, als ich die Antwort eines führenden Klimawissenschaftlers Deutschlands auf meine Frage nach der Rolle der Wissenschaft in einer eskalierenden Klimakrise höre. Zu sehr spiegelt seine Antwort die Spannungen in meinem eigenen Leben der letzten Jahre wider. Es ist Frühling 2022, und ich sitze beim Forum Alpbach in einem Seminarraum. Eine Woche lang findet hier eine Konferenz zur sozial-ökologischen Wende statt. Die Diskussionen und Vorträge kreisen um die alarmierenden Erkenntnisse der Klimawissenschaft, alternative Wirtschaftssysteme und gesellschaftliche Umbrüche. Zunächst geht es um die Bestandsaufnahme. Die Erderhitzung wird weiter ansteigen, solange wir weiter Unmengen fossiler Energieträger verbrennen und dadurch gewaltige Mengen an Treibhausgasen in die Erdatmosphäre einbringen. Bei etwa 1,1 Grad Erhitzung über dem vorindustriellen Niveau[38] stehen wir gerade, und die Auswirkungen sind bereits deutlich überall auf der Welt, vor allem aber im Globalen Süden zu spüren, der die geringste historische Verantwortung für die weltweiten Emissionen trägt. Das nennen wir Klima-Ungerechtigkeit. Auf 1,5 Grad müssen wir den Temperaturanstieg begrenzen, um nicht Gefahr zu laufen, Kipppunkte im Weltklimasystem[39] auszulösen, die unkontrollierbare Folgen nach sich ziehen, sagt uns die Klimawissenschaft. Das Auftauen des Permafrostbodens in der Arktis etwa würde einen sich selbst verstärkenden Prozess auslösen, indem durch die steigenden Temperaturen das hochpotente Treibhausgas Methan entweicht, das dann erneut zu einem Anstieg der Temperaturen führt und so einen unaufhaltsamen Prozess auslöst. Die Temperaturen würden unkontrolliert weiter steigen. Um derartige Kipppunkte nicht auszulösen, müssen wir die weltweiten Emissionen binnen zehn Jahren halbieren und bis 2050 Netto-Null-Emissionen erreichen.[40] 2050 werde ich 55 Jahre alt sein, genau doppelt so alt wie heute. Die Welt wird sich in der Zeitspanne meiner bisherigen Lebenszeit also so fundamental ändern müssen, wie sie sich seit Anbeginn der Menschheit nicht geändert hat. Können wir uns das vorstellen? Dreht es uns den Magen um beim Nachdenken darüber, wie wir das schaffen sollen? Bei mir ist das jedenfalls der Fall. Unter den Teilnehmer:innen ist man sich einig: Ohne Aktivismus und politischen Protest wird die große Transformation ausbleiben. Zu stark sind die Interessen der fossilen Industrie noch immer in allen politischen Systemen vertreten, als dass die wissenschaftlichen Erkenntnisse allein ausreichen würden, um den notwendigen Wandel einzuleiten. Das Ergebnis der Konferenz ist also ernüchternd. Wieder einmal lautet der Imperativ: „Organisiert euch!" Ich muss zurückdenken an eine Zeit, als ich noch dachte, die Politik hätte die Klimakrise im Griff.

Es war gerade das erste Semester meines Physikstudiums angebrochen, als 2015 das Klimaabkommen von Paris[41] verabschiedet wurde. „Endlich einmal wieder gute Nachrichten", betitelte ich damals einen Facebook-Post mit dem Link zu einem Zeitungsartikel, der die frohe Botschaft über den erfolgreichen Ausgang der Klimakonferenz verkündete. Die internationale Staatengemeinschaft hatte sich erstmals auf eine strikte Begrenzung der Erderwärmung auf unter 2 Grad über dem vorindustriellen Niveau verständigt und das Ziel vorgegeben, die Erderhitzung möglichst bei unter 1,5 Grad zu stabilisieren. Die Klimakrise machte mir damals schon Sorgen. Wir hatten in der Schule die Dokumentation „Eine unbequeme Wahrheit" mit dem ehemaligen US-Vizepräsidenten Al Gore über seine Öffentlichkeitsarbeit bezüglich der Klimakrise gesehen.[42] Ich habe mit 18 aufgehört, Fleisch zu essen, wofür man im Jahr 2013 am Land noch ziemlich schief angesehen wurde. „Wenn alle nur ihren kleinen Beitrag leisten, bekommen wir den Klimawandel in den Griff", war das Mantra des frühen 21. Jahrhunderts. Die Emissionskurven zeigten indes steil nach oben. Die Hälfte aller Emissionen in der Geschichte der Menschheit sind seit 1990[43] angefallen, also ziemlich genau seitdem wir die Klimakrise als so großes Problem betrachten, dass jährlich eine internationale Klimakonferenz abgehalten wird, um sie zu bekämpfen. Nach 21 Klimakonferenzen der Vereinten Nationen schien die Menschheit aber nun endlich die notwendigen Schritte einzuleiten, um die Klimakrise einzudämmen. Ich fühlte mich auch in meinem Vorhaben bestätigt, Wissenschaftler zu werden. Schließlich war es die akribische Arbeit Tausender Klimawissenschaftler:innen, die die notwendigen Fakten zusammengetragen hatten, um diesen weitreichenden politischen Beschluss zu ermöglichen. Ich widmete mich also mit viel Elan meinem Studium. Kernfusion war die Zukunftstechnologie, der ich mich vorrangig widmen wollte. Das Versprechen von praktisch unbegrenzter Energie lockte mich, sah ich doch die Zukunft der Menschheit vom technologischen Fortschritt geprägt und irgendwann auch einmal auf dem Weg ins Weltall, um schließlich zu einer interplanetaren Zivilisation zu werden. Mein Science-Fiction-Traum bekam erste Risse, als ich mich mit einer Student:innen-Exkursion auf den Weg nach Brüssel machte, um mit Vertreter:innen verschiedener EU-Institutionen über Klimapolitik zu diskutieren.

Es war Frühjahr 2018. Wir waren eine Gruppe von etwa 20 Student:innen verschiedenster Fachrichtungen und nannten uns die „Climate Action Students". Zur Vorbereitung auf unsere selbst organisierte Exkursion nach Brüssel hielten wir uns gegenseitig Vorträge. Ich hatte über die physikalischen Grundlagen des Klimawandels referiert, andere über den Gesetzgebungsprozess in der EU. Wir trafen Vertreter:innen des EU-Parlaments, der Kommission, der Ständigen Vertretung Österreichs in der EU und des Climate Action Network, eine NGO, die zahlreiche zivilgesellschaftliche

Organisationen gegenüber den Brüsseler Institutionen in Sachen Klimapolitik vertritt. Die offiziellen Vertreter:innen der EU-Politik beteuerten alle, wie wichtig ihnen Klimaschutz wäre und dass seit dem Pariser Abkommen nun wirklich Schwung in die Sache gekommen sei. Eine etwas andere Story bekamen wir von Aktivist:innen des Climate Action Network zu hören: Die EU-Klimaziele waren noch immer nicht an die Klimaziele des Pariser Abkommens angepasst worden. Es gab kein Zieldatum, um Netto-Null-Emissionen zu erreichen, also in der EU nicht mehr Treibhausgase auszustoßen, als durch natürliche Emissionssenken wie zum Beispiel Wälder und Moore wieder gebunden werden können. Bis 2050 hatte man sich lediglich auf eine Reduktion von mindestens 80 % gegenüber 1990 verständigt.[44] Auch der Emissionshandel, das politische Vorzeigeprojekt des europäischen Klimaschutzes, funktionierte mehr schlecht als recht. Durch den Emissionshandel ist die emissionsintensive europäische Industrie dazu gezwungen, Zertifikate für den Treibhausgasausstoß zu kaufen, die nach und nach reduziert werden, um einen preislichen Anreiz zur Einsparung zu setzen. Der Preis für ein Emissionszertifikat war jedoch viel zu gering. Der Preis für eine Tonne CO_2 fiel nach der Wirtschaftskrise von 2008 in den Keller, und es gab großen Druck vonseiten der Lobbys, die Zertifikate nicht zu schnell aus dem System zu nehmen. Man merkte den Vertreter:innen des Climate Action Network an, dass sie frustriert waren. Klimaschutz war immer noch ein Thema, für das sich kaum jemand interessierte und bei dem Politiker:innen daher leichtes Spiel hatten, Versprechungen zu machen, die entweder unzureichend waren oder am Ende ohnehin nicht eingehalten wurden.

Wir kehrten aus Brüssel mit dem Gefühl heim, etwas unternehmen zu müssen. Zu lange hatten sich alle auf dem erfolgreichen Abschluss des Pariser Abkommens ausgeruht und die Hände in den Schoß gelegt. In der Zwischenzeit hatte die fossile Industrie leichtes Spiel, neue Ölvorkommen, Gasfelder und Kohleminen zu erschließen, und die Regierungen unterstützten sie heimlich, still und leise dabei. Der „Production Gap Report" der Vereinten Nationen zeigt jedes Jahr auf, wie sehr die geplante Förderung fossiler Energieträger und die notwendigen Emissionsreduktionen für das Pariser Abkommen auseinanderklaffen. Der letzte Bericht von 2021 zeigt, dass die Staaten der Erde planen, 2030 doppelt so viele fossile Brennstoffe zu produzieren, wie es ein 1,5-Grad-Emissionspfad erlauben würde.[45] Wir stellten Überlegungen an, ein Klimavolksbegehren zu starten. In Österreich war das Frauenvolksbegehren gerade in vollem Gange und hatte den Diskurs über Frauenrechte und Gleichstellung aufs Neue befeuert. Österreich hatte bereits eine lange Tradition erfolgreicher Volksbegehren, die für einige Themen einen gesellschaftlichen Konsens bewirkt hatten, etwa zum Verbot des Einsatzes von Gentechnik in der österreichischen Landwirtschaft. Auf diesen Erfolgen wollten wir aufbauen und die Klimakrise und ihre Bewältigung ins Zentrum des medialen Diskurses rücken. Dass Katharina Rogenhofer, die ebenfalls in Brüssel mit dabei gewesen war, ein Jahr später tatsächlich die Rolle als Sprecherin des von einer anderen Initiative gestarteten Klimavolksbegehrens übernehmen würde, fühlt sich im Nachhinein fast wie Schicksal an.

Ich saß gerade in der ersten Vorlesung meiner Masterarbeit, als im Oktober 2018 der Sonderbericht des Weltklimarats zum Vergleich des 1,5-Grad- und des 2-Grad-Ziels des Pariser Abkommens erschien. Die darauffolgenden Zeitungsberichte überboten sich in der Drastik ihrer Wortwahl. „Wir haben zwölf Jahre, um eine Klimakatastrophe zu verhindern, warnt die UN", titelte der britische Guardian. Die Wissenschaftler:innen des Weltklimarats hatten nämlich herausgefunden, dass die Folgen der Klimakrise schon bei Einhaltung des 1,5-Grad-Ziels enorm sein und sich bei einer Erderhitzung um 2 Grad noch einmal drastisch verstärken würden. Extremwetter, Dürre und Hitzewellen würden noch einmal an Häufigkeit und Intensität zunehmen, aber vor allem am Beispiel der Korallenriffe zeigt sich der deutliche Unterschied eines halben Grads. Würde die Erderwärmung auf 1,5 Grad begrenzt, würden etwa 70 % der heute existierenden Korallenriffe verschwinden, während bei einer Begrenzung der Erderwärmung auf 2 Grad praktisch sämtliche Korallenriffe der Welt sterben würden. Dabei sind Korallenriffe die artenreichsten Ökosysteme der Welt, bieten Lebensraum für geschätzt

103

25 % aller mariner Tier- und Pflanzenarten[46] und bilden damit die Basis für die Ernährung von Hunderten Millionen von Menschen. Abgesehen vom unglaublichen Verlust an Artenvielfalt sind die sozialen Verwerfungen, die auf das Verschwinden der Korallenriffe folgen würden, kaum vorstellbar.

„Was tue ich hier eigentlich?", geisterte es durch meinen Kopf, während ich Artikel um Artikel über den neuen Klimabericht las. Während wir hier Algorithmen zur Lösung von Differentialgleichungen übten, schloss sich dort draußen in der echten Welt gerade rapide das Zeitfenster, um eine Klimakatastrophe noch abzuwenden. Ich fühlte mich entfremdet und irritiert. Niemand schien die Warnungen des IPCC-Berichts so richtig ernst zu nehmen. Der Zeitraum von zwölf Jahren, binnen dem sich die weltweiten Emissionen halbieren mussten, war schlicht atemberaubend. Doch wenige Tage nach der Veröffentlichung war der Bericht bereits wieder aus dem medialen News-Cycle gefallen, und die meisten Menschen um mich herum machten weiter, als wäre nichts gewesen. Rastlose Wochen folgten. Ich traf Menschen, die den Weckruf des IPCC ebenso vernommen hatten. In verschiedenen Konstellationen schmiedeten und verwarfen wir am laufenden Band Pläne. Was brauchte es, um die Emissionen derart drastisch zu senken? Mehr Aufklärung? Mehr Wissen? Mehr Vernetzung relevanter Akteur:innen? Dass uns Klimaprotest nicht als adäquates Mittel erschien, lag vor allem an der vorherrschenden politischen Lage. In Österreich regierte gerade die türkise ÖVP gemeinsam mit der FPÖ. Alle uns bekannten progressiven Kräfte mobilisierten gerade vorrangig gegen den fortschreitenden Sozialabbau und die Verschlechterungen im Asylrecht. Mit diesen wichtigen Kämpfen wollten wir keinesfalls in Konkurrenz treten, Intersektionalität, also die strategische Verknüpfung verschiedener sozialer Kämpfe, war uns noch ein Fremdwort. Die Aussichten auf eine breite Politisierung des Klimathemas schätzten wir unter diesen Voraussetzungen als schlecht ein. Doch alle anderen Ideen, die wir hatten, kamen uns ebenfalls wie unbrauchbare Luftschlösser vor. Nichts schien adäquat angesichts der enormen Herausforderung. Der Widerspruch zwischen den schrillenden Alarmglocken in mir und der notwendigen Ruhe, die mein Studium erforderte, wurde immer größer. Ich überlegte, es abzubrechen und etwas ganz Neues anzufangen. Was das sein sollte, war mir unklar, aber egal, was es war: Ich wollte handeln. Und eine Möglichkeit zu handeln sollte sich bieten. An einem Novembertag hörte ich zufällig im Vorbeigehen eine Studienkollegin über die Möglichkeit sprechen, auf die anstehende Klimakonferenz der Vereinten Nationen in Katowice (Kattowitz) in Polen zu fahren. Die Klimakonferenz versprach eine der wichtigsten seit dem Pariser Abkommen zu werden, ging es doch darum, das Regelwerk zur Einhaltung des Abkommens zu beschließen. Außerdem würde die Konferenz ganz im Zeichen des eben erschienenen IPCC-Berichts zum 1,5-Grad-Ziel stehen und so die Weltgemeinschaft vor die Wahl stellen, die Erkenntnisse der Klimawissenschaft ernst zu nehmen oder sie weiter zu ignorieren. Ich war hellauf begeistert über die Möglichkeit teilzunehmen und bewarb mich noch am selben Abend, um gemeinsam mit der österreichischen Delegation auf die Klimakonferenz zu reisen. Einige Wochen des Bangens vergingen. Schließlich erfuhr ich kaum eine Woche, bevor die Konferenz beginnen sollte, dass sich tatsächlich noch eine Zugangsberechtigung für die erste Hälfte der Konferenz hatte auftreiben lassen. Voller Begeisterung machte ich mich an die Vorbereitung und vertiefte mich in die Dokumente, die den extrem komplexen Entscheidungsprozess der UN-Konferenz bestimmen würden. Ich glaubte noch immer daran, dass die internationale Staatengemeinschaft unter dem Eindruck der jüngsten Erkenntnisse einen radikalen Kurswechsel vollziehen würde.

Es war ein eisiger Tag Anfang Dezember, als ich am Vorabend der Klimakonferenz in Katowice ankam. Ein beißender Geruch, den ich noch nie zuvor wahrgenommen hatte, lag in der Luft. Es war der Geruch von verbrennender Steinkohle. „Polen hat die Konferenz absichtlich mitten in diese Kohleregion verlegt, um ein Statement zu setzen: So schnell geben wir die Kohle nicht auf", erklärten mir Paula und Miriam mit ernster Miene. Die beiden hatten mit ihrem Verein „Climates Austria" das Jugenddelegierten-Programm organisiert, waren schon zuvor auf einigen Klimakonferenzen gewesen und kannten die Tricks der internationalen Klimadiplomatie bereits. Den ekelhaften Geruch ignorierend, bezogen wir eine kleine Jugendherberge in der Nähe des UFO-förmigen Konferenzgebäudes, in dem die Klimakonferenz stattfinden würde. Wir waren eine Gruppe von etwa 15 jungen Menschen aus Österreich, die zusammengekommen waren, um die Verhandlungen über das Regelwerk zum Pariser Abkommen zu verfolgen und vor allem die österreichischen Politiker:innen an ihre Verantwortung zu erinnern. Wir stürzten uns also ins Geschehen. Frühmorgens ging es los mit den ersten Verhandlungsrunden. Wir teilten uns auf verschiedene Verhandlungsthemen auf, um möglichst viele verfolgen zu können. Die internationale Staatengemeinschaft verhandelte nämlich verschiedene Aspekte des kommenden Regelwerks parallel zueinander. Es galt, Tausende Menschen und Meinungen zu koordinieren. Neben den großen Plenarsitzungen gab es kleinere, oft informelle Absprachen zwischen einzelnen Ländern. Diese eigentlich entscheidenden Sitzungen fanden aber unter Ausschluss der Öffentlichkeit statt, was unsere offizielle Rolle als zivilgesellschaftliche Beobachter:innen konterkarierte. Neben den eigentlichen Verhandlungen gab es aber noch ein vielschichtiges Rahmenprogramm. Immer wieder betraten prominente Persönlichkeiten die Bühne und appellierten an die anwesenden Diplomat:innen. „Fossile Treibstoffe sind das wahre Übel. Kohle, Öl und Gas töten Menschen", dröhnte Arnold Schwarzenegger.

Währenddessen hatte das Gastgeberland Polen einen Pavillon aus Steinkohle gebaut, um seine Absicht, an der Verbrennung von Kohle festzuhalten, noch einmal für alle Anwesenden zu unterstreichen. Die Auffassung von dem, was zu tun war, und dem, was tatsächlich umgesetzt wurde, klaffte kilometerweit auseinander. Ich war zunehmend schockiert von dem Schauspiel, das sich mir bot. Während die Diplomat:innen um jeden Punkt und Beistrich des neuen Abkommens verhandelten, präsentierten Vertreter:innen des IPCC aufs Neue die alarmierenden Erkenntnisse ihres letzten Berichts zum 1,5-Grad-Ziel. Das Umweltprogramm der Vereinten Nationen (UNEP) präsentierte außerdem den jährlich erscheinenden „Emissions Gap Report"[47], in dem es darum geht, inwiefern die Klimaziele der Staaten mit dem 1,5-Grad- und dem 2-Grad-Ziel des Pariser Abkommens zusammenpassen. Die ernüchternde Antwort: Gar nicht. Das 1,5-Grad-Ziel war praktisch verloren, außer es käme zu einer radikalen Wende in der weltweiten Emissionsentwicklung. Auch das 2-Grad-Ziel ließe sich nur noch unter höchsten Anstrengungen erreichen. Die Welt strebte mit ihrer momentanen Politik aber auf eine Erderhitzung von mehr als 3 Grad zu, was unvorstellbare Folgen nach sich ziehen würde. Ich erlebte meine zweite große Irritation und Enttäuschung. Die Wissenschaft hatte klar gemacht, was es bräuchte, um eine Klimakatastrophe abzuwenden, aber die Politiker:innen aus der ganzen Welt feilschten um jedes noch so kleine Zugeständnis. Niemand schien

ernsthaft daran interessiert zu sein, mit dem Verbrennen fossiler Brennstoffe Schluss zu machen. Es
war fraglich, ob die Reduktion fossiler Energieträger in der Abschlusserklärung der Klimakonferenz
überhaupt Erwähnung finden würde – tatsächlich
würde das erst drei Jahre später bei der Klimakonferenz in Glasgow der Fall sein.[48] War ich noch mit
einem Funken Hoffnung auf die Klimakonferenz
gefahren, dass die internationale Staatengemeinschaft unter der erdrückenden Beweislast der Klimawissenschaft schon das Richtige tun würde, so
fühlte ich mich dieses Strohhalms, an den ich mich
klammerte, nun endgültig beraubt. „Hope dies, action begins", stand auf dem Flugblatt, das mir ein
junger Mann in die Hand drückte, und dieser Satz
ging mir durch Mark und Bein. Am selben Abend
noch sollte in einem Café die Informationsveran-
staltung einer neu gegründeten Klimabewegung
stattfinden, die weltweit Ableger gründen wollte.
Sie kam aus Großbritannien und nannte sich „Extinction Rebellion", auf Deutsch „Rebellion gegen
das Aussterben". Sofort beschloss ich, gemeinsam
mit zwei meiner österreichischen Mitstreiter hin-
zugehen. Gegen die gewaltige Ungerechtigkeit, die
hier auf der Klimakonferenz geschah, zu rebellie-
ren war genau das, was wir tun wollten. Ich las einige Zeitungsberichte über die neue Bewegung, die
im Mai desselben Jahres mit Tausenden Menschen
mehrere Brücken in London besetzt hatte, um die
britische Regierung zum Handeln zu zwingen. Ge-
waltfreier ziviler Ungehorsam war das Mittel der

109

Wahl, um gegen die zerstörerische Untätigkeit der Politiker:innen zu protestieren. Im Vortrag wurden die Taktiken im Detail erklärt und auch die Geschichte von Protestbewegungen beleuchtet, die ohne den Einsatz von zivilem Ungehorsam nur selten erfolgreich waren. Im Gegenteil: Allen großen Umbrüchen wie dem Erkämpfen von Frauenrechten, von Bürger:innenrechten und dem Bruch mit dem Kolonialismus waren immer Massenbewegungen vorausgegangen, die bewusst Gesetze übertraten, um die Ungerechtigkeit des Status quo aufzuzeigen. In dieser Tradition sah sich auch Extinction Rebellion. Wir saugten die Inhalte des Vortrags regelrecht auf und stellten Überlegungen an, die Bewegung nach der Klimakonferenz auch nach Österreich zu bringen. An diesem Abend ging ich mit dem Gefühl schlafen, dass vielleicht doch noch nicht alles verloren war. Wenn wir die Klimakrise als politische Krise etablieren könnten und sich nur genug Menschen den Protesten anschließen würden, ließe sich die notwendige radikale Wende vielleicht doch noch vollziehen.

In diesem Gefühl sollte ich am nächsten Tag noch einmal bestärkt werden. Ich hatte den offiziellen Verhandlungen der Klimakonferenz längst den Rücken gekehrt und konzentrierte mich auf wissenschaftliche und zivilgesellschaftliche Veranstaltungen. Am Nachmittag sollte ein junges Mädchen aus Schweden sprechen, die seit mehreren Monaten regelmäßig die Schule bestreikte, um vor dem schwedischen Parlament für die Einhaltung des Pariser Abkommens zu demonstrieren. „Schulstreik fürs Klima" nannte die damals 15-jährige Greta Thunberg ihren Protest, und da sie meist freitags vor das Parlament zog, verwendete sie in den sozialen Medien den Hashtag #FridaysForFuture. Wir hatten die Veranstaltung, bei der sie sprechen sollte, eher zufällig im Programm entdeckt und waren neugierig geworden. Kaum 50 Personen wohnten ihrem ersten Auftritt auf der Klimakonferenz bei, doch durch ihre klare Sprache und ihre Entschlossenheit gelang es ihr, den halb vollen Saal in ihren Bann zu ziehen. „Menschen wie Greta sind eine Inspiration dafür, welche mächtige Position die Zivilgesellschaft im Kampf gegen den Klimawandel einnehmen kann", betitelte ich das gemeinsame Foto mit ihr, das ich nach der Veranstaltung auf Instagram postete. Tatsächlich hatten sich bereits Tausende Schüler:innen in Australien Gretas freitäglichem Protest angeschlossen. Bestärkt von den Begegnungen der letzten beiden Tage, nahmen wir an der großen Klimademonstration am ersten Samstag der Klimakonferenz teil. Unter großer Polizeipräsenz riefen wir Sprüche, die mich noch viele Jahre begleiten sollten. „Power to the people!" hörte sich an diesem Tag weniger nach einer Forderung, sondern nach einem Beschluss an: Die Menschen würden sich die Macht zurückholen, eine klimagerechte Zukunft zu gestalten, um die man sie betrügen wollte.

    Nach einer intensiven Woche kehrte ich schließlich von der Klimakonferenz heim. Die

Enttäuschung über den diplomatischen Prozess und die Inspiration, die ich aus den Treffen mit den neu entstandenen Klimabewegungen gewonnen hatte, wechselten einander ab. Während meiner Heimfahrt hielt Greta Thunberg gerade ihre große Rede vor der Klimakonferenz, die sie weltberühmt machen sollte.[49] „You are never too small to make a difference." – „Change is coming, whether you like it or not." Mit Gänsehaut verfolgen wir ihre Rede auf der Heimfahrt. Wir verstanden das als Auftrag, und wir wussten, was zu tun war.

Wenige Tage nachdem die Klimakonferenz geendet hatte, saß ich mit Philipp Wilfinger und Katharina Rogenhofer, die beide ebenfalls an der Klimakonferenz teilgenommen hatten, in einem Café in Wien. „Wie lange soll die Demo denn dauern?" – „Es muss ein Streik sein, also muss sie schon am Vormittag beginnen." – „Wir sollten sie aber bis in den Nachmittag ziehen, damit noch mehr Menschen die Gelegenheit haben mitzumachen." Wir waren reichlich unerfahren in der Organisation von Demonstrationen, aber fest entschlossen, noch vor Weihnachten einen ersten Klimastreik vor dem österreichischen Parlament abzuhalten. „In Deutschland nennen sie sich Fridays for Future Germany, quasi nach Gretas Hashtag. Sollen wir das auch machen?" Die Entscheidung fiel prompt. Eine Bekannte hatte bereits eine Facebook-Seite mit dem Namen „Fridays for Future Vienna" erstellt. Ich lud das Logo der deutschen Facebook-Seite herunter, übermalte „Germany" mit „Vienna" und erstellte noch einen passenden Instagram-Kanal. Der erste Wiener Klimastreik wurde für den 21. Dezember 2018 auf dem Heldenplatz angesetzt. Nach Uneinigkeiten über das beste Zeitfenster sollte er von zehn bis 16 Uhr dauern. Ich meldete die Versammlung bei der Polizei an, Katharina schrieb eine Presseaussendung, und Philipp postete die Veranstaltung auf Facebook. Etwa 50 Menschen sollten sich über den Tag verteilt am Heldenplatz einfinden. Es hatte durchgehend Minusgrade und der Asphalt war von einer Eisschicht bedeckt. „What do we want? – Climate Justice! When do we want it? – Now!", riefen wir über den menschenleeren Heldenplatz. Trotz der widrigen Umstände und des bescheidenen Erfolgs des ersten Klimastreiks fühlte ich mich so lebendig wie schon lange nicht mehr. Wir hatten keinen Plan, keine Strategie, und doch fühlte es sich richtig an, waren wir doch endlich ins Tun gekommen. Auch eine Woche später, mitten in den Weihnachtsferien, fand wieder ein Klimastreik statt. Uns ging es vor allem um Kontinuität. „Und wenn mal nur ein einziger Mensch vor dem Parlament sitzt – Hauptsache, wir machen weiter!", war unser Mantra. Es gab auch erstes mediales Interesse. Immer mehr Menschen, die zuvor teilweise die Hoffnung schon aufgegeben hatten, wollten mitmachen. Andere Organisationen kamen auf uns zu, um gemeinsam vielleicht eine stärkere Schlagkraft zu entwickeln. Auf Initiative der Bewegung „System Change Not Climate Change" hin sollte am 18. Jänner ein Vernetzungstreffen zwischen verschiedenen Organisationen stattfinden. Wir lernten viele Menschen kennen, mit denen wir noch lange zu tun haben sollten. Einer von ihnen war Lena Schilling. Die damals 18-Jährige hatte in ihren jungen Jahren schon enorme Erfahrung in politischer Arbeit gesammelt, vor allem im Kampf um eine menschliche Asylpolitik. Außerdem war sie Schülerin und konnte uns so helfen, weitere Schüler:innen für die Klimabewegung zu gewinnen. Wir hatten von einigen internationalen Fridays for Future-Ablegern, die gerade rund um den Globus aus dem Boden schossen, gehört, dass ein weltweiter Klimastreik in Planung war. Hierbei sollten alle Fridays for Future-Organisationen gemeinsam für ein Datum mobilisieren und sichtbar als weltweite Bewegung auftreten. Wir waren also bereits auf der Suche nach Menschen, die uns dabei helfen konnten, den kommenden weltweiten Klimastreik groß zu machen. Deshalb baten wir Lena prompt, unserem kleinen Organisationsteam beizutreten, und so geschah es auch. Jede Woche zogen wir erneut auf den Wiener Heldenplatz, und die Zahl der Teilnehmer:innen wuchs jedes Mal. Menschen brachten Instrumente mit, veranstalteten Kunstaktionen, versuchten, mit Passant:innen ins Gespräch zu kommen. Es war ein bunter Haufen, in dem jede:r eine passende Aufgabe fand. Wir gaben Interviews und veranstalteten Workshops zu Klimagerechtigkeit, erzählten in Vorträgen von unseren Erfahrungen auf der Klimakonferenz. Es herrschte Aufbruchsstimmung. Schließlich war ein Datum für den ersten weltweiten Klimastreik gefunden. Es sollte der 15. März 2019 werden. Wir entwickelten eine komplizierte Demo-Route, die zunächst von fünf Startpunkten ausgehen und am Heldenplatz zusammenlaufen sollte, um anschließend gesammelt vor das Bundeskanzleramt, das Bildungsministerium und das Nachhaltigkeitsministerium zu ziehen. Schulen wurden angeschrieben, Informationsveranstaltungen geplant, Plakate gedruckt, Forderungen ausgearbeitet, Banner gemalt, ein Demo-Wagen und Lautsprecher organisiert. Da ich es war, der die Versammlungen bisher immer bei der Polizei angemeldet hatte, sollte ich auch die Rolle des Demo-Leiters übernehmen. Ich traf Bekannte von anderen Organisationen, um über Demo-Routen und die Anmeldung bei der Polizei zu beraten. Zwei Freunde aus Teenagertagen halfen mir, einen Plan für die Logistik zu erstellen, Ordner:innen zu rekrutieren und die notwendigen Informationen zusammenzutragen. Als Unterstützung für die junge Klimastreikbewegung gründeten Wissenschaftler:innen die Initiative „Scientists for Future". Binnen kürzester Zeit gewann die Initiative die Unterstützung von über 26 000 Wissenschaftler:innen aus dem deutschsprachigen Raum, um ein Manifest zu veröffentlichen, das die Fridays for Future-Bewegung und ihre Forderung nach Einhaltung der 1,5-Grad-Grenze sowie globaler Klimagerechtigkeit legitimieren sollte. Kurzerhand veranstalteten wir eine gemeinsame Pressekonferenz mit den österreichischen Vertreter:innen von Scientists for Future. Die Wochen vor dem ersten

115

weltweiten Klimastreik zählten zu den intensivsten meines Lebens. Wir wussten nicht, wie viele Menschen kommen würden oder ob unsere minutiöse Vorbereitung umsonst sein würde. Aber wir vertrauten dem Prozess und unserem Gefühl, dass die Welt bereit war für massenhaften Klimaprotest. „Darf Ihr Kind fürs Klima streiken?", titelte eine österreichische Boulevardzeitung zwei Tage vor dem weltweiten Klimastreik. Plötzlich stand der Schulstreik fürs Klima im Mittelpunkt der medialen Aufmerksamkeit, und Politiker:innen versuchten der Reihe nach, den kommenden Protest kleinzureden und lächerlich zu machen. Doch das machte den anstehenden Klimastreik erst richtig bekannt. Am Vorabend der Demonstration gingen wir noch einmal alles durch. Wir waren müde, aber voller Erwartungen an den kommenden Tag. Die Lautsprecher wurden noch einmal aufgestockt, nur für den Fall, dass es doch mehr als die 5000 Menschen werden sollten, die wir provisorisch für die Kundgebung angemeldet hatten. Kurz nach Mitternacht warf ich einen letzten Blick auf mein Handy, und ein überwältigendes Gefühl überkam mich. In Australien hatte der weltweite Klimastreik bereits begonnen. Zehntausende Menschen waren dort bereits auf den Straßen, um gegen die Untätigkeit der Politiker:innen zu protestieren. Ich bekam Gänsehaut. Die ganze Welt stand heute auf, um für Klimagerechtigkeit zu kämpfen. Mit jeder Stunde, die verging, würden in weiteren Ländern Klimastreiks beginnen. Mit einem nie gekannten Gefühl globaler Verbundenheit ging ich schlafen. In wenigen Stunden waren wir dran. Auch in Wien sollten es schließlich mehr als 20 000 Menschen werden, die an diesem Tag für Klimagerechtigkeit demonstrierten. Eine neue Welle globalen Klimaprotests hatte begonnen.

Zwischen

Schulter-
klopfen

und

Rippen-
bruch

Wer Straßen sät, erntet Widerstand. Wer Widerstand leistet, gerät ins Handgemenge. Und das wirft die Frage auf, wann wir als Klimabewegung legitim sind und wann nicht.

Nie sind wir legitimer, als wenn wir als junge Frauen auf Podien voller Männer reden. Wir werden kritisiert, ja. Aber uns wird auch ganz schön oft auf die Schulter geklopft, wenn wir Geschichten von verzweifelten Kindern erzählen, unsere Demonstrationen in Erinnerung rufen und dafür eintreten, dass sich etwas ändern soll. Dann sind wir ein wichtiger Teil der Gesellschaft. Das ändert sich sofort, wenn wir ändern wollen, was sich nicht ändern soll. Dann haben Freund:innen von mir schon zu spüren bekommen, dass die Mächtigen nicht nur sanft klopfen können.

Wenn wir etwa aufhören, über gefällte Bäume zu klagen und uns stattdessen aktiv dem Einsatz der Kettensägen widersetzen. Dann heißt es sofort: Dürfen die das? Wenn wir Bäume besetzen, die gefällt werden sollen, laufen wir Gefahr, dass nicht mehr bloß auf den Baumstamm eingehauen wird. Wie es etwa bei einer der Räumungen unseres Protests in der Lobau passiert ist. Aktivist:innen bauen Baumhäuser, damit die Bäume nicht so leicht gefällt werden können. Dann lassen sie sich von der Polizei mitnehmen. Ein paar Stunden später bekomme ich einen Anruf. Einer der festgenommenen Aktivisten wurde in Polizeigewahrsam so verletzt, dass der Amtsarzt eine gebrochene Rippe attestiert. Er wird trotzdem 24 Stunden festgehalten, ohne

Versorgung. Nur eine Schmerztablette bekommt er. Dann ist es vorbei mit der Legitimität, mit der Anerkennung und dem Schulterklopfen.

Die Definition dessen, welche Art von Protest legitim ist, definiert auch, wessen Protest gehört wird. Wenn Protest nur als Zeitungsmeldung erlaubt ist, sind Vertreter:innen von Interessen im Vorteil, die Artikel, Inserate oder ganze Zeitungen kaufen können. Wir sind nicht die Vertreter:innen der großen Profite. Demonstrationen, Kundgebungen, Petitionen, aber auch Blockaden und Besetzungen sind deshalb wichtige Mittel unseres Protests. Um überhaupt in die Zeitungen zu kommen. Aber auch, weil Zeitungen eben nicht alles sind. Demonstrieren, ja, das sieht das Gesetz vor. Aber blockieren? Nein. Es darf gejammert werden, bis die Straße gebaut wurde. Und wenn sie einmal da ist, machen wir sie auch nicht mehr weg, oder? Zahnloser Protest wird aufs Podest gehoben. Protest, der seine Zähne zeigt, wird kriminalisiert. Aber worin besteht eigentlich der Unterschied, ob wir jetzt mit einer großen Demo eine Straße mehrere Stunden sperren oder ob wir mit einer Blockade eine zukünftige Straße sperren? Sachlich gibt es keinen. Wir stören mit Letzterem sogar weniger Leute. Aber die, die wir stören, stoßen sich offenbar enorm daran.

Das letztlich Ausschlaggebende, für welches Mittel man sich entscheidet, sollten aber das eigene Gewissen, der Anlass und der gesellschaftliche Boden sein, auf dem wir zu solchem Protest greifen. Denn auch hier geht es um gesellschaftliche

Akzeptanz. Es geht darum, ob unser Protest unsere Position stärkt oder schwächt. Darauf kommt es an. Bloß recht zu haben ist keine politische Einstellung.

Wenn Entscheidungsträger:innen jahrzehntelang die falschen Entscheidungen treffen, braucht sich niemand zu wundern, wenn Menschen sich das Recht nehmen, nicht zu gehorchen. Wir dürfen als Gesellschaft nicht zuschauen, wenn Millionen Menschenleben auf dem Spiel stehen. Wir können diese historische Verantwortung nicht einfach abgeben. Wir glauben nicht mehr daran, dass es irgendwer schon richten wird. Ich kann meinem kleinen Bruder nicht guten Gewissens sagen, dass alles wieder gut wird, weil das einfach nicht stimmt.

Deshalb müssen wir uns widersetzen und manchmal gemeinsam den Gehorsam verweigern. Uns manchmal gemeinsam vor einen Bagger, in ein Baumhaus oder eine Kohlegrube setzen. Nur so werden Dinge Normalität, die zuvor kaum vorstellbar waren. Mit zivilem Ungehorsam wurden Errungenschaften wie das Frauenwahlrecht, der Acht-Stunden-Tag oder die Rechte der People-of-Color-Community in den USA erkämpft und erstritten. War es falsch von Rosa Parks, sich im Bus an einen Platz zu setzen, der ihr von den Weißen nicht zugestanden wurde? Nein, weil wir Apartheid heute ablehnen. Deshalb wird es richtig sein, den Bau von Straßen zu verhindern, deren alles beherrschende Existenz wir in Zukunft nur absurd finden werden. Zukunft ist gestaltbar, aber deshalb auch umkämpft. Es gibt kein „So war es immer schon". Es kann nicht mehr so sein wie immer. Das ist nur die zu kurz gedachte Sichtweise von Menschen, die über ihren eigenen Lebenszyklus nicht hinausdenken.

> Power to the people –
> 'cause people get the power –
> tell me can you feel it –
> getting stronger by the hours.

Das haben wir bei Hunderten Streiks und Demos, bei Blockaden und beim Bannermalen gemeinsam gesungen. Wir sind mehr geworden, organisierter, und wir müssen noch mehr werden. Unser großes Ziel muss es sein, im Kampf um Klimagerechtigkeit möglichst viele Menschen und verschiedene Akteur:innen hinter diesem Ziel zu vereinen, die mit verschiedenen Aktions-, Organisations- und Protestkulturen und Theorien für dasselbe Ziel kämpfen. Wir alle sind die Klimabewegung.

Ein
Appell
an **dich**

Eigentlich wollte ich nie ein Buch schreiben. Schon wieder eine junge Frau, die sagt, wie man es richtig macht und mit erhobenem Zeigefinger Moralpredigten hält. Ich will die Welt nicht erklären, mir ist wichtig, sie gemeinsam mit vielen Menschen zu verändern. Ich will, dass die Welt anders wird, weil heute zu viele Menschen keine Gegenwart und noch mehr Menschen keine Zukunft haben. Und ich bin es müde, mich vertrösten zu lassen. Diejenigen, die die Macht hätten, dass vieles anders wird, wollen es gar nicht anders. Deshalb müssen wir aktiv werden. Nur wenn wir mit unterschiedlichen Mitteln auf verschiedenen Ebenen für eine gerechtere Welt eintreten, können wir Erfolg haben. Wenn wir es nicht machen, wird es nicht passieren. Ich hoffe, dass du dich auch fragst: „Was kann ich jetzt tun?" Wir können nicht weiterleben wie bisher. Es ist Zeit, Aktivist:in zu werden.

Aktivist:innen: Tätige, Aktive und Beteiligte in und an dieser Welt. Wir als Teile einer Gesellschaft, als Teilhabende, erkennen unsere Macht an, diese Welt mitzugestalten. Egal, was die Vertreter:innen des Gewohnten, die Verwalter:innen des Etablierten, die Sprecher:innen der schönen Worte für den hässlichen Zweck sagen: Wir wollen, wir dürfen, wir müssen politische Prozesse beeinflussen und anfangen, selbst welche anzustoßen.

Es ist Zeit, zu kämpfen und diese Kämpfe auch zu gewinnen. Ich habe es so satt zu verlieren. Nicht nur, weil ich Verlieren nicht mag, sondern weil Verlieren in diesem Fall bedeutet, Menschenleben zu riskieren. Es bedeutet, dem System ausgeliefert zu sein, das Menschen ausbeutet, das unsere Lebensgrundlagen zerstört, das die nächsten Generationen vor riesige Katastrophen und Herausforderungen stellt.

Geschichte wird nicht geschrieben. Sie wird von Menschen gestaltet, die heute mutige Entscheidungen treffen. Von uns, die wir uns zusammenschließen. Wir gehen die großen Probleme an, auch wenn wir nicht auf alles eine Antwort haben. Die Systeme, sowohl die politischen als auch die wirtschaftlichen, sind von Menschen geschaffen und gestaltet worden, sie sind kein Naturgesetz. Planetare Grenzen schon. Eigentlich ist das ganz einfach.

Das System, das die Krisen produziert, kann nicht die Lösung dieser Krisen sein. Wir entscheiden heute, wie morgen geschrieben und geredet wird, indem wir jetzt beginnen, diese Welt mitzugestalten. Dafür hat jede:r Einzelne von euch die Macht.

Du hast die Macht, die Welt zu verändern. Gemeinsam mit uns. Mit vielen anderen zusammen. Wir sind nicht Aktivist:innen, die einspringen müssen, weil die Politiker:innen nicht handeln. Wir machen als Aktivist:innen eine andere Politik, weil die Politiker:innen die großen Probleme nicht lösen wollen. Wir machen das nicht, um mit der schlechten Welt besser umzugehen. Wir legen mit unserer Arbeit den Grundstein für eine bessere Welt. Das geht nur, wenn wir etwas tun. Denn wenn wir in den lebenswichtigen Bereichen nicht entscheiden, wie wir leben wollen, werden andere für uns die Entscheidung treffen.

Es fällt heute vielen Menschen noch schwer, daran zu glauben, dass es eine Welt ohne Grausamkeit geben kann. Ich aber glaube daran, dass wir eine Welt schaffen können, in der sich die meisten Menschen Grausamkeit nicht mehr vorstellen können. Ich hoffe, auch du glaubst daran.

Wie du politisch aktiv werden kannst? Fang einfach damit an. Lass uns gemeinsam die Welt vom Kopf auf die Füße stellen, es ist eine historische Notwendigkeit.

Wir müssen beginnen, die Gesellschaft selbst zu gestalten, aber wie das aussehen soll, darauf habe ich nicht die eine richtige Antwort. Doch ich zeige euch im nächsten Kapitel am Beispiel „Lobau? Bleibt!", wie ich es bisher versucht habe und wie ziviler Ungehorsam in Österreich in der Praxis aussehen kann.

Lobau?
Bleibt!

„Lobau? Bleibt!" wurde vom Demo-Spruch zu einer Tatsache. Hoffentlich. Aber wobei geht es bei diesem Mega-Straßenbauprojekt überhaupt? Hier ein ganz kurzer Abriss: Die Außenring-Schnellstraße S1 soll verlängert werden, um die Lücke im Autobahn- und Schnellstraßennetz im Umland von Wien zu schließen und die Südosttangente (A23) zu entlasten. Die Stadtstraße Aspern und der acht Kilometer lange Lobau-Tunnel – der unter dem Naturschutzgebiet Lobau durchführen soll – sind Teil dieses Projekts. Die Stadtstraße würde dabei gemeinsam mit der S1-Spange am Knoten Hirschstetten die neue S1 mit der A23 verbinden; ihr Bau ist die Voraussetzung für den weiteren Ausbau des Stadtentwicklungsgebiets der Stadt Wien Seestadt Nord.

Die Stadtstraße würde mitten durch die Donaustadt laufen; 3,2 km lang, zum großen Teil vierspurig, allerdings mit einer Geschwindigkeitsbegrenzung von 50 km/h. Dadurch soll die Verkehrsbelastung der Donaustadt verringert und auf die Stadtstraße konzentriert werden. Klimaaktivist:innen, Wissenschaftler:innen und Kritiker:innen befürchten allerdings, dass der Verkehr durch den Bau der Stadtstraße noch weiter zunimmt und die Umweltzerstörung fortgesetzt wird.

Seit mittlerweile 20 Jahren gibt es in Österreich Protest gegen dieses klimaschädliche Projekt, der 2021 in der längsten Baustellenbesetzung in der Geschichte Österreichs gipfelte. Es ist nicht weniger als eine radikale gesamtgesellschaftliche Wende, die ihren Anfang bei lokalem Protest nahm.

Im Folgenden möchte ich diese Protestzeit kurz dokumentieren und Berichte von Menschen, die daran beteiligt waren, vorstellen.

ANMELDUNG DES PROTESTS BEI DER POLIZEI – VEREINBARUNG EINES TERMINS IN DER LANDESPOLIZEIDIREKTION, UM DAS CAMP FÜR DIE LOBAU ANZUMELDEN

Simon Poris, ein Kollege von Fridays for Future, und ich treffen uns um 8:30 Uhr am Schottentor. Ich bin müde und nervös, obwohl ich schon unzählige Kundgebungen und Demonstrationen angemeldet habe, denn heute geht es darum, ob die wochen- und monatelange Planung aufgehen wird. Wir betreten das Gebäude der Landespolizeidirektion am Schottenring 7–9 und stehen den beiden Beamten beim Empfang gegenüber. Wir reichen unsere Pässe und die Vorladung unter der Glasscheibe, die uns trennt, durch und werden einem Sicherheitscheck unterzogen. Dann bekommen wir unseren Passierschein und fahren mit dem Lift in den altbekannten vierten Stock. Hier bin ich schon oft gewesen und den endlos langen Gang entlanggegangen, in dem skurrile Bilder von Polizeipropaganda hängen. Wir setzen uns auf die unbequemen Holzstühle und warten, bis wir hineingebeten werden. Uns gegenüber sitzt eine kleine Frau in einem geblümten Kleid. Ein Polizist, vermutlich ein junger

Kommissar in einem viel zu engen T-Shirt, kommt vorbei und sagt, dass wir ihm in den sechsten Stock folgen sollen. Wir betreten einen Raum, in dem eine Kommission von acht Beamten auf uns wartet. Als wir den Raum betreten, spüre ich, wie mein Herz klopft. „Nehmen Sie Platz", sagt einer der Beamten zu uns. Nun beginnt ein beinahe zwei Stunden langer Kampf. Ich habe mich gründlich darauf vorbereitet, mit Anwälten telefoniert, habe Auszüge von früheren Beschlüssen dabei und weiß, dass das hier nicht schiefgehen darf. Der Leiter der Kommission beginnt damit, uns zu erklären, dass es unmöglich sei, eine Mahnwache über eine Woche anzumelden, wegen der Anrainer:innen und überhaupt. Ich bin auf diese Reaktion vorbereitet und führe aus, warum das selbstverständlich sehr wohl möglich ist und dass das Recht auf freie Meinungsäußerung und die Demonstrationsfreiheit den Rahmen dafür bieten. Sie schicken uns hinaus, um sich zu beraten. Nach einigen Minuten werden wir wieder hineingebeten. Der Leiter der Kommission zögert. Also lege ich nach und sage, dass ich auch jeden Tag eine Kundgebung auf einer vielbefahrenen Straße anmelden könne, wenn ihm das lieber sei. Er blickt mich schockiert an. Nun gut, vielleicht sei da doch irgendwas möglich. Die Diskussion zieht sich über eine Stunde hin, die mir aber vorkommt wie eine halbe Ewigkeit. Als wir aus der Landespolizeidirektion hinaus in die Sonne treten, umarmen wir einander. Wir haben es geschafft.

131

ERSTER TAG IM PROTESTCAMP
IN HIRSCHSTETTEN

Am 27. August ist es dann endlich so weit. Um 5:30 Uhr läutet mein Wecker, und eine Stunde später sitze ich das erste Mal in der S80 auf dem Weg nach Hirschstetten. Ein mir bis dahin beinahe unbekannter Ort. Angekommen auf der Wiese, auf der ich Monate zuvor meine erste Rede dort mit den Worten „Hainburg ist überall" eröffnet hatte, begrüße ich die ersten Mitstreiter:innen. Die nächsten Stunden bauen wir die Zelte auf, leiten den Wasseranschluss von der Pfarre über den alten Schlossgarten und bereiten die Kundgebung vor. Am Abend sitze ich das erste Mal auf der Wiese hinter der Anfanggasse, deren Name mich noch heute zum Lächeln bringt.

**Werner Schandl von „Hirschstetten-retten"
erinnert sich:**

Hirschstetten wird um eine Attraktion und mittlerweile auch um eine historische Institution reicher. Das Klimacamp in der Anfanggasse wird im idyllischen Bereich von Hirschstetten, im Park hinter dem alten Schlossgarten, der jetzt zur Pfarre gehört, eingerichtet. Direkt neben der geplanten Trasse der Stadtstraße. Unsere Organisationen haben sich im Laufe des Frühjahrs bei Onlinebesprechungen und bei unplugged Demos in der Stadt zu einer Bewegung zusammengeschlossen. Zelt um Zelt wird aufgebaut. Es ist bunt, es herrscht Aufbruchsstimmung. Als lokale Bürger:inneninitiative sind wir gefordert, die Infrastruktur zu unterstützen und unser über die Jahre angesammeltes Wissen über die Autobahnprojekte Lobau-Autobahn, Stadtstraße Aspern und Spange S1–Seestadt an die neu Zugezogenen weiterzugeben. Am Anfang braucht es vor allem Strom, es braucht Wasser, es braucht Duschmöglichkeiten und Rückzugsorte für die Arbeit für die Uni und die Erledigung von „Lohnarbeit", wie die jungen Erwachsenen das nennen. Diese Vielfalt, diese Buntheit, dieser Enthusiasmus der Jugend sind wirklich ansteckend, das Camp wächst, und die Organisation wirkt zunehmend eingespielt. Mit der Zeit gibt es Materialzelte und auch Hausübungszelte für die Schüler:innen, die gleich nach dem Unterricht lieber ins Camp kommen und sich mit Gleichgesinnten austauschen, als irgendwo sonst abzuhängen; sie haben im „Jugendrat" ihr Zuhause.

Vor knapp zehn Jahren haben wir als Familie die Bürger:inneninitiative „Hirschstetten-retten" gegründet. Meine persönliche Motivation für den Kampf war mein damals einjähriger Enkel Fabio, der noch keine Stimme hatte, aber trotzdem den Schwachsinn, den Politiker:innen ihm und allen anderen Kindern hinterlassen, auslöffeln würde müssen. Und auf einmal sind die Kinder, die damals bei unserer Gründung in der Volksschule, teilweise sogar noch im Kindergarten waren, da bei uns in Hirschstetten und nehmen die Sache selbst in die Hand. Was für eine Geschichte! Die Klimabewegung hat ein Zuhause gefunden.

BESETZUNG DER BAUSTELLE
HIRSCHSTETTNER STRASSE 44 – CAMP GRÄTZEL 1

4:30 Uhr, mein Wecker läutet. Ich bin müde, ein Zustand, der mich die nächsten Monate permanent begleiten wird. Noch liege ich in meinem kleinen grünen Zelt, aber ich höre schon, wie es draußen wuselt. Menschen, die Sachen packen, sich Dinge zurufen. Langsam setze ich mich in meinem Schlafsack auf, ziehe einen zweiten Pullover an und öffne das Zelt. Noch ist es ziemlich kalt, und ich putze mir bibbernd die Zähne mit dem Wasser aus dem Gartenschlauch. Eine Stunde später stehe ich vor den Bauzäunen der Baustelle für die geplante Stadtstraße, und die Sonne geht über hundert Aktivist:innen, die sich vor und auf der Baustelle platziert haben, auf. Die ersten Polizeiwagen rollen an, die ersten Medien melden sich. Um 10:30 Uhr dann ein enormes Polizeiaufgebot, Spezialeinheit. Die Polizisten setzen ihre Helme auf, ich höre: „Bald wird geräumt." Zwei Stunden später heißt es plötzlich – Abzug. Die Beamten steigen in ihre Autos und fahren davon. Was jetzt?

134   Nach endlosen Diskussionen fällt die Entscheidung. Wir bleiben erst mal. Wie lange, wissen wir noch nicht.

6. SEPTEMBER 2021

BESETZUNG DER BAUSTELLE
HAUSFELDSTRASSE – CAMP 2 WÜSTE

Eine Woche ist vergangen, mit langen Plenarsitzungen im Schmutz der Baustelle und dem Aufbau des zweiten Camps auf der zuvor besetzten Baustelle. Wieder läutet mein Wecker in der Parkanlage der Anfanggasse, und ich rapple mich müde auf. Draußen vor dem Zelt geht es wieder laut und hektisch zu. Eine Gruppe von Aktivist:innen setzt sich in Bewegung, ich gehe in meiner knallgelben Warnweste, auf der hinten „Presse" steht, neben ihnen her. Bei der U-Bahn-Station Hausfeldstraße treffe ich die ersten Journalisten und versuche ihnen schlaftrunken zu erklären, was jetzt passieren könnte. Die Aktivist:innen schlüpfen abermals in ihre Maleranzüge, um ihre Identitäten zu verschleiern und klettern noch vor Baubeginn auf die stehenden Bagger. Auf einem wird eine Schaukel aufgehängt, und die eben noch graue Umgebung wird auf einmal bunt. Die Polizei kommt mit einem Wagen, bleibt kurz stehen und fährt dann wieder weiter. Was passiert jetzt? Um acht Uhr muss ich los, um meinen kleinen Bruder zu seinem ersten Schultag zu begleiten; am Vortag habe ich noch eine Schultüte für ihn gebastelt. Als ich um 13 Uhr wieder in der Hausfeldstraße ankomme, hat es gut 35 Grad, und auf den Baggern der Baustelle hängen noch immer die Banner, auf denen steht: „Lobau? Bleibt! Ihr nicht!" Ich merke, wie müde ich bin und wie schwer

135

es mir fällt, noch einen klaren Gedanken zu fassen, also setze ich mich in den Schatten von einem Bagger auf den Boden und atme tief ein und aus.

Am Nachmittag gehe ich zurück zum Basiscamp, wobei mir der Weg von etwa 20 Minuten unendlich lange vorkommt. Meine Gedanken kreisen darum, wie es jetzt weitergeht und was das alles bedeutet. Wir geben der riesigen Schotterfläche einen Namen: Wüste.

20. SEPTEMBER 2021
GESPRÄCHE MIT ARBEITER:INNEN/
LOHNAUSGLEICH

Aus dem geplanten einwöchigen Aufenthalt in der Anfanggasse ist jetzt ein Bleiben auf unbestimmte Zeit geworden. Zwei Baustellen halten wir nun schon seit Wochen besetzt. Wir haben versucht, mit einzelnen Bauarbeiter:innen, die täglich ihre Kontrollgänge machten, in Dialog zu treten. Eigentlich sind die meisten Unterhaltungen sehr wertschätzend. Ich habe dabei allerdings erfahren, dass nicht alle Arbeiter:innen auf der Baustelle Entschädigungszahlungen erhalten, sondern nur diejenigen, die bei den Bauträgern direkt angemeldet sind. Also wagen wir einen Versuch: Wir wollen einen Fonds einrichten, der es ermöglichen soll, den Arbeiter:innen den Lohnausfall zumindest zum größten Teil zu ersetzen. Denn der Kampf um Klimagerechtigkeit darf nicht auf dem Rücken von Menschen ausgetragen werden. Nach einigen Wochen wird aber klar, dass das Vertrauen nicht tief genug ist. Die Arbeiter:innen haben sich nicht bei uns gemeldet, und die, die keine Entschädigungszahlungen erhielten, waren schon nach wenigen Tagen weg. Das ist, was ich an unserem Protest am meisten bedauere: dass wir es nicht geschafft haben, für sozialen Ausgleich zu sorgen. Aus dieser schmerzvollen Erfahrung nehme ich einige Fragen mit: Wie kann Klimaprotest gemeinsam mit gewerkschaftlicher Organisierung stattfinden? Wie können wir die Kämpfe aus Klima- und Arbeitsplatzperspektive gemeinsam denken?

24. SEPTEMBER 2021
WELTWEITER KLIMASTREIK

Auch an diesem Tag gehen überall auf der Welt wieder Menschen für eine klimagerechte Welt auf die Straße. Zum achten oder neunten Mal. Diesmal gehe ich aber in einem Block von Hunderten Menschen mit, die sich rosa Samttücher um den Kopf gebunden haben. Sie rufen: „Who shut shit down? We shut shit down!" Das Gefühl, zu einer Bewegung und zu einer Organisation zu gehören und kollektiv zusammenzustehen.

137

EINEN MONAT NACH DER BESETZUNG
DER ZWEITEN BAUSTELLE AUF DEM
ANGEMELDETEN CAMP

Ja, beide Baustellen sind auch im Oktober noch besetzt. Und es stellt sich immer drängender die Frage: Wie machen wir weiter? Schüler:innen müssen wieder in die Schule und Student:innen bald wieder an die Uni. Es gibt arbeitende Menschen, die in der Früh von ihren Zelten aufbrechen und abends wiederkommen und solche, die am Wochenende mit ihren Familien campen.

„Plenum ist wichtig für die Revolution." Irgendwer fängt schon wieder an, das unsäglich nervende Lied zu singen, das unser wöchentliches Plenum ankündigt. Gut 40 Aktivist:innen sitzen bei knapp unter 15 Grad in einem großen weißen Zelt, die Gesichter hinter FFP2-Masken versteckt. Es fühlt sich aber auch an diesem Dienstagabend nicht an wie der Weg in eine andere, bessere Welt, sondern es beginnt mit der üblichen Frage nach Themen, die besprochen werden müssen, der Lage vor Ort (damit ist meistens gemeint, warum schon wieder jemand nicht abgewaschen hat), und dann folgen die großen strategischen Fragen, die meist unbeantwortet bleiben. Trotzdem, die Stimmung ist gut, und irgendwer ruft erheitert: „Wir sind noch immer da!" Die Moderatorin des heutigen Plenums ruft am Ende: „Lobau? Bleibt! Hirschstetten? Retten!" Heute fahre ich abends nach Hause und überlege in der

138

S80 nach Meidling, wann ich meine Familie mal wieder besuchen kann.

1. DEZEMBER 2021
DAS AUS FÜR DEN LOBAU-TUNNEL

Monate sind vergangen. Mittlerweile ist es Winter geworden, und es wird gemunkelt. Im Sommer hat die Umweltministerin Leonore Gewessler von den Grünen angekündigt, es würde eine Evaluierung des geplanten Lobau-Tunnels und der Lobau-Autobahn geben. Heute werden wir das Ergebnis erfahren. Letztendlich also auch, ob unser Protest erfolgreich war.

Auf dem Weg von der Schnellbahnstation zu der Wiese mit unseren Zelten fühlt es sich ein bisschen an, wie nach Hause zu kommen. Noch ist es früh am Morgen, acht Uhr, und wir beginnen in dem großen Zelt, das wir liebevoll Wohnzimmerzelt nennen, einen Beamer aufzubauen. Zumindest versuchen wir es; die erste halbe Stunde stellt sich die Frage, ob es überhaupt Strom gibt. Kurz vor neun Uhr ist alles installiert, und die mit Spannung erwartete Pressekonferenz von Frau Ministerin Gewessler beginnt, in der sie das Aus für den Bau des Lobau-Tunnels und der Lobau-Autobahn verkündet. Schon nach den ersten Minuten wird uns klar, was hier gerade vor sich geht: Unser politischer Druck hat gereicht. Ich schreibe meinem Vater eine SMS: „An Tagen wie heute weiß ich, dass sich Widerstand auszahlt." Er

139

antwortet mit: „Ich bin ja gespannt, wann ich dich aus dem Gefängnis holen muss", mit einem Zwinkersmiley, das selbst auf dem Handydisplay gezwungen aussieht. Ich lächle. Sobald das Aus für den Bau verkündet ist, bricht Jubel aus. Ich höre aus der Musikbox das Lied „Gekommen um zu bleiben". Ja, wir waren gekommen, um zu bleiben. Am Abend versammeln wir uns alle vor dem Wiener Rathaus. Das ist ein guter Tag, denke ich und steige auf den Demo-Wagen.

9. DEZEMBER 2021
SCHNEE, RÄUMUNGSGEFAHR WÜSTE. AM ABEND SIND VIELE MENSCHEN AUF DER BAUSTELLE, DIE SIE ALS ZEICHEN DES ZUSAMMENHALTS UND DER SOLIDARITÄT ERLEUCHTEN.

Das Aus für die ersten beiden Bauprojekte – den Lobautunnel und die Lobauautobahn – ist jetzt schon über eine Woche her. An den Zubringerstraßen, der Stadtstraße und der Spange, wird aber nach wie vor festgehalten, also geht unser Protest weiter. Ich stapfe um neun Uhr morgens durch den Schnee ins Basiscamp. Eingepackt in meinen dicken Wintermantel und trotzdem zitternd vor Kälte, setze ich mich kurz ans Lagerfeuer. Irgendwie ist das alles schon einigermaßen unglaublich. Plötzlich höre ich jemanden aus einem großen Zelt rufen. Die Polizei ist in der Wüste, sie haben gerade offiziell die Kundgebung aufgelöst. Das heißt Räumungsalarm.

Ich werfe meine Tasche in das große Zelt, schnappe mir ein Rad und fahre so schnell ich kann über den eisigen Boden zu der besetzten Baustelle. Ich komme an, die Polizei ist schon weg. Was heißt das jetzt? Erst mal ein Notfallplenum und alle anstehenden Aufgaben verteilen. Presseaussendung schreiben, Gruppen informieren, Kundgebung anmelden. Nach einem anstrengenden Tag stehen hundert Menschen, die ihre Handytaschenlampen hochhalten, auf der dunklen Baustelle.

11. DEZEMBER 2021
KLAGSDROHUNGEN

Der Räumungsalarm hängt wie ein Damoklesschwert über unseren Köpfen. Die Nächte sind kurz, und seit Tagen versuche ich, den 22. Bezirk nur im Notfall zu verlassen, weil ich befürchte, dass es tatsächlich zur Räumung kommen könnte. Aber auch an diesem Tag rollt kein Räumungskommando auf die Baustelle, dafür erreicht mich um elf Uhr ein Anruf. Eine Journalistin möchte wissen, was ich zu den Klagsdrohungen der Stadt Wien und der Wiener Verkehrsstadträtin Ulli Sima sage. Ich habe keine Ahnung, wovon sie spricht, da ich weder einen Brief noch ein E-Mail noch sonst irgendeine Information erhalten habe. Als ich nachfrage, meint sie nur: „Ach, davon wisst ihr also noch gar nichts. Konkret kann ich dazu auch noch nichts sagen, aber wir kommen am Nachmittag mit einem Kamerateam vorbei." Mir wird schlecht. Was für Klagsdrohungen? Wie viele Leute betrifft das? Mein erster Anruf geht an eine Rechtshilfestelle, dann informiere ich die anderen. Gegen 17 Uhr, ich sitze gerade mit Freund:innen in dem großen Zelt, erhalte ich ein E-Mail von der Anwaltskanzlei Johannes Jarolim. Ich beginne, laut vorzulesen, meine Stimme zittert. Darin steht etwas von: Wenn wir nicht gehen, dann werde man eben klagen. Keine Summe, nur eine Vermutung aus den Medien, dass es sich um etwa 22 Millionen Euro handeln würde. Bin ich die Einzige, die ein solches Mail bekommen hat? Kurz vor dem Abendplenum erfahre ich von weiteren Personen, denen es wie mir ergangen ist: einem Anrainer, der eine Bürger:inneninitiative gegründet hat und der zweiten Pressesprecherin des „Lobau? Bleibt!"-Bündnisses. Beim Abendplenum herrscht eine bedrückte Stimmung. Werner Schandl, der Initiator der Bürger:inneninitiative „Hirschstetten-retten" erzählt, dass seine Frau ihn gebeten habe, doch endlich mit dem Ganzen aufzuhören. Ich umarme ihn.

Tage später erfahren wir von immer mehr Menschen, die eine Klagsdrohung erhalten haben. Insgesamt sind es über 40 ziemlich willkürlich ausgesuchte Personen. Wissenschaftler:innen (darunter auch unbeteiligte Verkehrsexpert:innen der TU-Wien), eine Kampagnenleiterin von Greenpeace, Menschen, die sich einfach auf Twitter geäußert haben, ein Künstler. Sogar Minderjährige, die jüngsten unter ihnen 13 und 14, aus meiner Organisation. Ich bin unglaublich wütend. Weinend hatte mich eines der beiden Mädchen angerufen. Jetzt versuchte ich, die Eltern zu beruhigen. Aber ich bin selber alles andere als ruhig. Ja, ich habe Angst. Meine Familie ruft mich besorgt an, der soziale Druck steigt. Aber jetzt einfach aufgeben, das geht auch nicht.

Rosa Mangold, 14, schreibt über den Moment, als sie die Klagsdrohung bekommt:

Bin ich wütend, verängstigt, geschockt oder aufgeregt? Ich sitze gerade im Zimmer einer Freundin. Zahlreiche Gedanken schwirren in meinem Kopf herum. Was soll ich jetzt machen? Langsam wird mir immer klarer, was eigentlich los ist. Immer wieder schaue ich auf meinen E-Mail-Eingang. Da steht es: Jarolim, Anwaltskanzlei. Ich klicke auf das E-Mail, immer wieder, um wirklich sicherzugehen, dass ich richtig lese. Meine 13-jährige Freundin von „Lobau? Bleibt!" sitzt gerade mit ihren Eltern im Wohnzimmer bei einem Rechtshilfe-Call via Zoom. Sie hat auch ein E-Mail mit einer Klagsdrohung bekommen. Ich versuche, mich zu beruhigen, um wieder rational denken zu können. Langsam beruhigt sich mein Puls etwas, und mir fällt ein, dass meine Freundin zuerst Lena angerufen hat. Das tue ich jetzt auch. Sie hebt ziemlich schnell ab, obwohl sie gerade selbst in einem Rechtshilfe-Call steckt, und fragt, was los sei. Noch immer etwas ungläubig sage ich: „Ich habe auch ein E-Mail bekommen." Ich merke Lenas Stimme an, dass sie mit den Nerven schon ziemlich am Ende ist. Sie fragt, ob es mir gut geht, was gerade in mir vorgeht und meint, ich solle mich zu meiner Freundin in den Call setzen. Wir verabschieden uns, und ich ver-

143

suche, meine Gedanken zu ordnen. Was bedeutet dieses Mail? Was habe ich eigentlich getan, um eine Klagsdrohung zu bekommen?

Langsam werde ich wieder wütend, wie so oft in den letzten Tagen. Wie kann es sein, dass Menschen, die nichts anderes tun, als sich für eine gerechtere Welt einzusetzen, Klagsdrohungen bekommen? Ich finde keine Antwort auf diese Frage. Was passiert jetzt? Was bedeutet das alles eigentlich? Irgendwie ist für mich alles zu unkonkret, um zu verstehen, was da gerade abgeht, aber ab und zu laufen mir Schauer über den Rücken. Was bedeutet das rechtlich überhaupt für mich? Ich versuche, telefonisch meine Eltern zu erreichen, aber sie heben nicht ab. Ich habe Angst vor ihrer Reaktion und weiß nicht, was ich ihnen sagen soll.

Als meine Eltern schließlich nach Hause kommen, habe ich mich etwas beruhigt und mir überlegt, wie ich ihnen die schlechten Nachrichten beibringe. Zum Glück reagieren sie sehr entspannt. Ich weiß noch immer nicht genau, wie ich auf die Klagsdrohung reagieren soll. Aber eines weiß ich genau: dass mich so etwas nie daran hindern wird, für meine Zukunft einzustehen.

Nach einigen Terminen mit Anwälten und Rechtshilfe-Netzwerken kommt es Tage danach zu einem medialen Eklat. Die Zeitungen titeln „Stadt Wien verklagt Minderjährige", und der Ärger über die Klagsdrohungen macht sich auf diversen Social-Media-Plattformen Luft. Es gibt Pressekonferenzen, und wir fassen den Entschluss, dennoch zu bleiben.

Ich telefoniere am Abend mit meinem Vater, dem es nicht mehr zum Scherzen zumute ist. Gegen Ende hin fragt er: „Kannst du nicht endlich aufhören?" Ich versuche, ihm zu erklären, dass alles gut werden wird und es keine andere Option gibt. Dabei verschweige ich ihm, dass mir ziemlich schlecht ist.

31. DEZEMBER 2021
BRANDANSCHLAG

„Häuser brennen. Träume nicht." Dieser Spruch steht am 31. Dezember in der Früh auf einer Tür, die einen Tag zuvor noch den Eingang zu einem Unterschlupf auf der Baustellenbesetzung gebildet hatte. Jetzt war sie der letzte Überrest eines Anschlags.

„Heute geht das Jahr zu Ende mit einer Nachricht, die mich noch immer zusammenschrecken lässt. Ein Brandanschlag auf die Besetzung bei der Hirschstettner Straße 44. Aktivist:innen und Freund:innen sind mit Glück entkommen. Ich finde für all das kaum Worte. Trotzdem ist das auch ein Jahr, in dem wir viel gewonnen haben. An Tagen wie heute will ich mich daran erinnern, dass politischer Protest und Widerstand wirksam sind und wir für eine klimagerechte solidarische Gesellschaft kämpfen müssen, denn wir haben eine Welt zu gewinnen", schreibe ich auf Social Media, während ich am Abend des 31. Dezember wieder auf dem Weg zur Baustelle bin.

145

Um fünf Uhr an diesem Tag wurde ich von meinem dauervibrierenden Handy geweckt. Was ist denn jetzt schon wieder los?, denke ich. Als ich die erste Nachricht lese, spüre ich, wie mein Körper erstarrt. Der Wetterunterschlupf, der als Schlafstelle auf der Baustelle diente, in der auch diese Nacht Freund:innen und Aktivist:innen schliefen, wurde in Brand gesetzt. Ein Anschlag. Was heißt das? Wer von uns ist in dieser Nacht auf der Baustelle gewesen? Geht es ihnen gut? Noch bevor ich einen klaren Gedanken fassen kann, springe ich aus dem Bett, schlüpfe in die erstbeste Kleidung und fahre nach Hirschstetten. Den Weg, den ich schon so oft gefahren bin – aber diesmal ist alles anders. Wen muss ich informieren? Was sind die nächsten Schritte? Etwa eine Stunde dauert es, bis ich dort bin, aber es fühlt sich an wie eine stundenlange Marter. 6:30 Uhr, endlich! Ich habe alle informiert, einen Nationalratsabgeordneten angerufen, der ähnlich schockiert war wie ich und sofort zur Baustelle geeilt ist, die Presse, Freund:innen und Mitstreiter:innen. Jetzt stehe ich neben der Baustelle, die von Polizeiabsperrband umgeben und nur mehr ein großer Haufen Asche ist. Allen, die dort waren, geht es so weit gut, sie konnten den Flammen entkommen, sagt mir eine Aktivistin, die in einem anderen Camp, das etwa zehn Minuten entfernt ist, geschlafen hat. Kurz weicht die lähmende Angst und macht so etwas wie Erleichterung Platz. Der Beamte der Kriminalpolizei und einer vom Verfassungsschutz befragen mich. Noch habe ich aber nicht begriffen, was in dieser Nacht überhaupt vorgefallen ist. Ich bitte sie, mir Bescheid zu geben, wenn sie mehr wüssten, eine Antwort bekomme ich allerdings nicht. Erst jetzt spüre ich, wie ich zittere. Aber dafür ist jetzt keine Zeit. Eine Presseaussendung muss raus, jemand muss sich um die Betroffenen kümmern, ein Plenum muss angesetzt werden. Erst als mich ein Freund in den Arm nimmt, traue ich mich, die Fragen zu stellen, auf die auch er keine Antwort hat: Wer war das? Und warum? Ich habe die letzten Monate unzählige Hassnachrichten und Morddrohungen erhalten. Bin ich jetzt in Gefahr? Erst mal muss ich meinen Eltern Bescheid geben, dass alles in Ordnung ist, sie haben in der Zwischenzeit fast 20 Mal versucht, mich zu erreichen. Stunden später sind hundert Helfer:innen vor Ort, die – nach Freigabe des Tatorts – aufzuräumen beginnen. Es sind Bilder, die mich immer begleiten werden: die jungen Menschen, die nach dieser Nacht barfuß in der Asche stehen, weil ihre Schuhe verbrannt sind, und nachschauen, ob noch etwas von den Sachen in ihrem Zelt übrig geblieben ist. Ich stehe daneben und schaue zu, wie die Trümmer und Scherben weggebracht werden. Sagen kann ich in diesem Moment nichts. Mir fehlen einfach die Worte. Die verbrannten Stofftiere, Instrumente und Hefte – unzählige Bilder davon landen in den Zeitungen.

Erst gegen Nachmittag erinnere ich mich daran, dass heute ja Silvester ist. Ich fahre nach Hause, die Katze füttern. Die Wohnungstür fällt hinter mir zu, und ich sacke kurz zusammen. Jetzt kann ich die Tränen nicht mehr zurückhalten. Vorher, beim Medienmarathon, musste ich die Fassung behalten und tun, was getan werden musste. Jetzt bin ich alleine, nicht die Pressesprecherin oder das Sprachrohr der Bewegung, sondern einfach ich. Mit all meiner Angst, meiner Wut und vor allem meiner Verunsicherung. Durchatmen. Es ist einer dieser Momente, wo man sich fragt: Warum das alles? Ich muss kurz lächeln, in den Tagen davor habe ich mir immer wieder Notizen gemacht, ein Memo auf meinem Handy. Weil es eine historische Notwendigkeit ist. Darum. Ich stehe wieder auf und mache mich auf den Weg zu dem Ort, der nie wieder derselbe sein wird.

Trotzdem verbringen Dutzende Menschen gemeinsam den Abend auf der niedergebrannten Baustelle. Viele Unterstützer:innen und Mitstreiter:innen haben untertags schon einen neuen Wetterschutz gebaut. Ein Freund drückt mir einen Blumenstock in die Hand, und ich pflanze ihn mit der Asche in die Erde.

Zwei Monate vergehen. Manche Dinge haben sich etabliert und sind Teil des Hirschstettner Alltags geworden: der Sonntagsanrainer:innenbrunch, bei dem die Menschen aus der Nachbarschaft mit uns gemeinsam frühstücken, diskutieren und meistens ziemlich leckeren Kuchen mitbringen zum Beispiel. Das Dienstagsplenum und unsere erste „Lobau? Bleibt!"-Zeitung mit einer Auflage von 150 000 Stück, die wir in ganz Wien verteilen.

Phili, 20, eine Aktivistin, schreibt ein paar Tage vor der Räumung Folgendes:

Vier Uhr Früh: Baustelle Hausfeldstraße

Lang muss der Wecker nicht läuten, bis ich wach bin. Denn gut schlafen tut man hier sowieso nicht. Heute Nacht ist es besonders kalt. Der Wind heult um den kleinen Kobel, in dem ich die letzten Nächte verbracht habe. Der wacklige Bretterverschlag fängt an zu wanken, als ich versuche, mich aus meinem Schlafsack zu befreien. Gar nicht so einfach, wenn man sich dabei nicht richtig aufsetzen kann. In der ersten Nacht hatte ich noch Bedenken, drei Meter über dem Boden in einem mehr schlecht als recht zusammengezimmerten Stelzenhaus zu übernachten. Jetzt bin ich wohl einfach zu müde, um mir darüber Gedanken zu machen.

Fünf Tage ist es her, dass ich mich entschieden habe, mein Leben ein weiteres Mal auf die Baustelle der Stadtstraße zu verlagern, denn die Räumung steht an. Wann genau, weiß niemand. Und das zehrt an den Nerven. Ständig bereit zu sein, ohne sich davon fertigmachen zu lassen, ist fast unmöglich.

Füße voran schiebe ich mich aus dem Kobel und steige die Leiter hinunter. Trotz mehrerer Schichten Kleidung lässt mich der eisige Wind sofort zittern. Hier lernt man, was echte Kälte ist. Noch steif vom Liegen stapfe ich zu unserem „Wohnzimmer" — einem überdachten Unterstand mit einer alten Couch. Hier werde ich die nächsten Stunden Wache halten und warten. Warten auf das Räumungskommando der Polizei, auf den neuen Tag. In der Hoffnung, unsere Welt noch retten zu können.

Der rot leuchtende Wiener-Linien-Schriftzug der U2-Station Hausfeldstraße wirft seinen Schein auf die besetzte Baustelle. Schon ironisch, dass sich die Baustelle für eine Autobahn direkt neben einer U-Bahn-Station befindet. Als wäre Individualverkehr in Städten nicht ohnehin schon längst ein veraltetes Modell. Nach sechs Monaten Besetzung ist die „Lobau? Bleibt!"-Bewegung noch immer entschlossen, gegen das Mega-Straßenbauprojekt und für eine klimagerechte Zukunft zu kämpfen. Auch wenn das bedeutet, draußen in der Kälte zu übernachten, Nachtschichten zu schieben und Repressionen in Kauf zu nehmen – für viele ist es das erste Mal. Viele haben neben diesem Kampf noch ein anderes Leben zu Hause. Sie arbeiten, studieren oder gehen noch zur Schule. Der Spagat zwischen diesen zwei Lebensrealitäten ist fast unmöglich, doch was sollen wir tun? Diese und die darauffolgende Woche ist die Prüfungsphase an der Uni. Auch ich habe diese Woche noch drei Prüfungen vor mir. Meine Notizen zum Lernen befinden sich in der Innentasche meiner Jacke. Wenn es hell genug ist, werde ich mich ans Lernen machen müssen.

Doch bis dahin sind es noch ein paar kalte Stunden. Stunden des Widerstands und der Hoffnung, der Angst und der Wut. Es ist die Ruhe vor dem Sturm.

1. FEBRUAR 2022

RÄUMUNG DER BAUSTELLE

Das alles ändert sich am 1. Februar. Ich komme um 7:20 Uhr am Bahnhof Hirschstetten an und gebe noch im Zug online meine letzte Uniprüfung ab. Jetzt geht es vor die Schule am Contiweg, Zeitungen verteilen. Noch bin ich unendlich müde, und es ist kalt. Um 8:30 Uhr sehe ich eine Nachricht von der Räumungsalarmgruppe: „Es ist so weit, die Polizei ist da." In den letzten Monaten habe ich oft mit dieser Nachricht gerechnet, heute nicht. Ich spüre, wie das Adrenalin durch meinen Körper schießt. So schnell ich kann mache ich mich auf den Weg. Die Öffis sind schon alle gesperrt, als ich ankomme und sehe, dass Hunderte Polizist:innen das riesige Gebiet umstellen und umzäunen. Chaos. Was ist passiert? Wer befindet sich noch auf dem Gelände? Ich versuche, Ruhe zu bewahren und setze die Telefonkette in Gang, um möglichst schnell möglichst viele Menschen zu informieren. Alles geht schnell, und Stunden später sind Hunderte Menschen da, die dabei zuschauen, wie Aktivist:innen weggetragen werden. Gleichzeitig werden direkt nebenan fast vierhundert Bäume gefällt. Das führt zu einer weiteren spontanen Besetzung: Die Situation wird dynamisch, und Menschen klettern in die Bäume, um genau das zu verhindern. Große Bagger, Spezialeinheiten, weinende und wütende Menschen, Pfefferspray. Ich stehe in meiner gelben Warnweste daneben, auf der hinten „Presse" steht. Das sind meine Freund:innen, die gerade brutal abtransportiert werden. Neben mir steht Werner, ich lehne meinen Kopf an seine Schulter.

151

Werner Schandl von „Hirschstetten-retten" erinnert sich:

Bevor ich mit dem Fahrrad Richtung Hausfeldstraße aufbreche, erhalte ich einen Anruf, dass auch das Klimacamp in der Anfanggasse aus Richtung Süßenbrunner Straße geräumt wird, da auch hier ein großes Polizeiaufgebot vor Ort ist. Das Polizeiaufgebot gilt jedoch nicht dem Klimacamp, sondern soll dafür sorgen, dass in ganz Hirschstetten und in Teilen Asperns fast vierhundert Bäume brutal gefällt werden können. Die Räumung wird also unter anderem dazu benutzt, die Klimaaktivist:innen in der Hausfeldstraße zu binden und auf diese Weise freie Hand für das Baummassaker zu haben. Und es ist wahrlich ein Massaker. Im gesamten Stadtteil heulen an allen Ecken und Enden die Motorsägen, und in weniger als drei Stunden hat Hirschstetten einen Großteil seiner grünen Lunge wegen des Baus eines 32,2 km langen Asphaltbands verloren.

Aber nicht nur die Bäume und ihre Bedeutung für das lokale Klima und uns Menschen hier in Hirschstetten sind an diesem Tag verloren gegangen, auch der Glaube an Bürger:innen- und Menschenrechte wird mit Füßen getreten — was durchaus wörtlich zu verstehen ist. Wie in, sagen wir „problematischen", Regierungen üblich, wurden in Absprache mit den Wiener Linien die U-Bahn-Station Hausfeldstraße und die Straßenbahnlinie 26 gesperrt, um eine Anfahrt für Unterstützer:innen der „Lobau? Bleibt!"-Bewegung unmöglich zu machen. Diese Nichtachtung und Respektlosigkeit wird am 5. April 2022 bei der Räumung von Grätzel 1 noch getoppt werden, weil Journalist:innen und parlamentarische Beobachter:innen

Zugang zu der Baustelle bekommen, nicht aber normale Bürger:innen. Doch wie heißt es so treffend: „Hochmut kommt vor dem Fall!"

Noch am selben Abend findet eine Demonstration statt. Lucia Steinwender, die zweite Sprecherin von „Lobau? Bleibt!", steht, kurz bevor ich dran bin, auf der Bühne und sagt: „Unser Widerstand ist unräumbar." Wir nehmen einander in die Arme. Nach der Demo und unzähligen Interviews sitze ich um 22:30 Uhr endlich im Bus, der mich vom Fernsehstudio nach Hause bringt. Wie geht es jetzt weiter?

Die Zeit verstreicht, aber der Protest geht weiter. Bäume, die gefällt werden sollen, werden besetzt. Eine weitere „Lobau? Bleibt!"-Zeitung wird gedruckt, es gibt Ausstellungen und vor allem eine starke solidarische Klimabewegung. Egal, wie schwer es manchmal war und ist, wir waren niemals allein. Und schwer war es oft.

„Naziangriffe auf Stadtstraßenproteste" titeln die Zeitungen am 10. März 2022 über eine besetzte Baustelle, auf der in der Nacht Hakenkreuze und NS-Symbole angebracht wurden. Mein erster Gedanke gilt der Nacht des Brandanschlags. Das sind die schwierigen Tage. Die, an denen wir uns fragen, ob es das alles wert ist. Die Antwort ist meistens „Ja".

Nach der zweiten Räumung am 5. April 2022 in der Hirschstettner Straße 44 geht die längste Besetzung einer Baustelle in der Geschichte Österreichs

153

zu Ende. Nicht aber der Protest. Auf unseren Bannern steht: „Unser Widerstand ist unräumbar", und so sehen wir uns alle wieder auf der Straße.

28. MAI 2022
DEMO-TAG

Flo Pristolic, 15, Schülerin und Aktivistin

Es ist zwölf Uhr mittags, und ich stehe zwischen ein paar Lastenrädern, ein paar Dutzend Menschen und der Polizei, es ist SPÖ-Parteitag. Die Gegendemo soll gleich beginnen, aber jetzt trinken wir noch in aller Ruhe unseren Kaffee aus. Fahnen werden ausgepackt, Bandanas ausgeteilt und Leute gezählt, dann geht es auf die Straße.

Ich bin wütend, aber jetzt stehe ich mit einem Megafon in der Hand vor der Menschenmenge, und jedes Gefühl von Verunsicherung ist verschwunden. Ich blicke über die Köpfe hinweg — eine unüberschaubare Menschenmenge. Das gibt mir eine ganze Menge Hoffnung. Ich weiß, dass ich vor Menschen stehe, die genauso wütend sind wie ich, genauso verzweifelt, die aber genau wissen, was sie zu tun haben. Was wir tun müssen. Wir wissen alle, dass diejenigen, die die Entscheidungen treffen, versagt haben. Wir wissen alle, dass dieses System unser Ende bedeutet.

Vom Demo-Wagen kommt die Info, dass das die bisher größte Lobau-Demo sei, und so ist es. Ich schaue nach rechts, sehe den ersten Banner drop von vielen an dem Tag und muss grinsen. Die Menge bebt, und in dem Moment sind wir kurz unangreifbar.

Von „Lobau? Bleibt!" lernen, heißt kämpfen lernen. Mit einer großen Bandbreite von Aktionsformen, mit unterschiedlichen Methoden, in einem breit aufgestellten Bündnis. Radikale Organisationen, die in Österreich für zivilen Ungehorsam bekannt sind – wie etwa System Change not Climate Change oder Extinction Rebellion –, kämpfen Seite an Seite mit Jugendorganisationen wie dem Jugendrat und Fridays for Future. Im Rücken die jahrzehntelang vor Ort aktiven Bürger:inneninitiativen und diverse Parteien, die den Protest unterstützen. Es sind nicht die Jungen und nicht die Alten, nicht die Student:innen oder die Schüler:innen oder die Arbeiter:innen – es sind wir alle.

Lokaler Protest,
globaler Kampf

Wenn ich hinter mir die Wohnungstür zumache, steht da rechts ein Schrank. Dort kleben verschiedene Postkarten und Sticker über Dinge, die mir wichtig sind. Natürlich klebt dort auch ein Fridays-for-Future-Sticker: eine kleine grüne Weltkugel. Daneben ein Sticker mit einer kurdischen Frau, auf dem „Jin – Jîyan – Azadî" (kurdisch für „Frauen – Leben – Freiheit") steht. Und andere mit „Konzerne müssen haften" oder „Fähren statt Frontex". All diese Kämpfe hängen zusammen.

Auf die kleine Weltkugel schauen und einen kleinen roten Punkt machen. Dort, wo wir gerade sind. Wenn wir viele Punkte gemeinsam machen, sind wir stark. Genauso, wie viele lokale Kämpfe in einem globalen Kontext eine Wende schaffen werden. Ich bin einer Aktivistin aus dem brasilianischen Bundesstaat Amazonas begegnet – Juma Xipaia, der erste weibliche Häuptling ihres Stamms. Wir saßen gemeinsam auf einem Podium, und ich habe sie gefragt, was wir hier machen können. Sie blickte mich ein bisschen entgeistert an und sagte sinngemäß, dass wir hier doch die Banken und Konzerne sitzen haben. Dass wir hier doch entscheiden können, woher unsere Produkte kommen. Dass wir quasi im Zentrum des Problems sitzen und ein Teil davon sind. Ihre Welt wird zerstört, weil wir immer mehr haben wollen. Ich habe sie angeschaut, und sie nahm meine Hand, während ich von unseren Kämpfen erzählte. Es war eine dieser Begegnungen, an die ich oft zurückdenke.

Ökologische Kämpfe sind nicht nur global, sie sind auch komplex. Wasserkraft ist eine wichtige Ressource für nachhaltige Energieproduktion. Aber Wasserkraft ist auch die Ursache für die Zerstörung von Lebensräumen. Positiv ist nicht immer nur positiv, so blöd das auch klingen mag. Der Stamm von Juma wurde für den viertgrößten Staudamm der Welt umgesiedelt. Das Projekt, in dem sie aktiv ist, leistet Widerstand gegen den Bau und arbeitet heute vor allem daran, die Grundrechte der Menschen, die am Xingu-Fluss leben, zu verteidigen. Juma wurde deshalb mit dem Tod bedroht und musste Brasilien verlassen. Sie berichtet nun rund um die Welt darüber, wie ihr Stamm von Umweltzerstörung und Grundrechtsverletzungen betroffen ist. Diese sollen dokumentiert und Regierungen und der Gesellschaft zugänglich gemacht werden.

Für den Staudamm wurden Unmengen Wald abgeholzt, die beiden Staudammbecken werden zwischen 500 und 700 km2 füllen, eine Fläche größer als der Bodensee.[50] Teils war dort Ackerland der indigenen Bevölkerung, teils Regenwald. Nach offiziellen Angaben müssen etwa 20 000 Menschen umgesiedelt werden. Staudammgegner:innen – Betroffene wie Jumas Stamm und andere Umweltgruppen – sprechen von bis zu 40 000 Menschen.[51] An dem Bau des Staudamms sind auch Firmen wie Siemens[52] oder Andritz beteiligt, ihre Firmensitze befinden sich in München und in Graz.

Die beiden Firmen sind nicht nur in das Staudammprojekt in Amazonas involviert. Sie waren auch in unterschiedlichen Phasen am Bau des Ilısu-Staudamms beteiligt, der den Tigris in der Türkei aufstaut.[53] Durch diesen sowie 21 weitere Staudämme[54] in Südanatolien, an denen auch die Andritz AG vielfach beteiligt ist, kontrolliert die Türkei die Wasserzufuhr der zwei wichtigen Flüsse Euphrat und Tigris nach Syrien und in den Irak. Auch hier spielt Wasserkraft eine widersprüchliche Rolle. Auch hier trifft der Anspruch auf saubere Energie auf die Lebensinteressen vieler Menschen, die vom Bau negativ betroffen sind. Tausende Kurd:innen wurden abgesiedelt. Und die Staudämme bilden eine wichtige Waffe des türkischen Regimes gegen die kurdischen Aktivist:innen. Ein Freund von mir, Anselm Schindler, der Teil einer Solidaritätsgruppe mit der kurdischen Selbstverwaltung in Nordsyrien ist, hat selbst gesehen, wie Klimakrise und türkische Wasserpolitik gegen die kurdische Selbstverwaltung zusammenspielen. Er schreibt dazu: „Oktober 2017 in der Demokratischen Föderation Nordostsyrien, von der kurdischen Bevölkerung als Rojava bezeichnet. Vom Auto aus sieht man das Flussbett des Chabur, eines Nebenflusses des Euphrat, der einer der wichtigsten Flüsse in Syrien ist, der die Bauern mit Wasser für ihre Felder versorgt. Aber der Chabur sieht traurig aus, in großen Pfützen steht das Wasser, denn es wird immer weniger. Das türkische Regime führt, gedeckt durch die Nato, nicht nur einen Krieg gegen die Opposition im eigenen Land, sondern auch gegen Rojava und die ökologischen Lebensgrundlagen der Menschen. Es ist ein Krieg,

159

der nicht nur mit Panzern geführt wird, sondern auch mit Staudämmen und mit Artillerieangriffen, die Felder in Brand setzen."

Dieser Krieg richtet sich gegen den Versuch, aus den Wirren des syrischen Bürgerkriegs eine demokratische Gesellschaft in Syrisch-Kurdistan aufzubauen. Frauenrechte und ökologische Fragen sind wichtige Eckpfeiler der Politik in Rojava. Das türkische Regime unter Recep Tayyip Erdoğan führt gegen die Menschen in Syrisch-Kurdistan Krieg. Auch mit Waffen, die von der Firma Rheinmetall mit Sitz in Düsseldorf kommen.

Die Rüstungsindustrie ist eine der schmutzigsten Produktionszweige der Weltwirtschaft. Militär und Aufrüstung sind für Unmengen an Treibhausgas-Emissionen verantwortlich. Und kaum eine Industrie zeigt so deutlich, unter welch absurden Bedingungen manche Firmen Gewinne machen. Wie viele Ressourcen teilweise um die halbe Welt bis in die Werke etwa in Wien-Liesing transportiert werden, um von dort wieder Rüstungsgüter in die ganze Welt zu verschicken. Rüstungsgüter, die hoffentlich nie eingesetzt werden. In Liesing stellt Rheinmetall zusammen mit dem Lkw-Produzenten MAN Militärtransporter her.[55] Aktuell werden hier Großaufträge für Armeen aus Deutschland, Australien, Norwegen und Schweden abgewickelt. Zuvor waren 7000 Fahrzeuge an das britische Militär geliefert worden. 7000 Lkws! Wie viel Energie in die Herstellung und den Abtransport dieser riesigen Anzahl an Fahrzeugen geflossen ist, die nur zum

Einsatz kommen, wenn Menschen Krieg gegeneinander führen! Freund:innen von mir setzten sich in Österreich und anderen Ländern gegen die Lieferung von Militärgütern ein. Mit Blockaden vor den Werkstoren machen sie darauf aufmerksam, dass wir eine Verantwortung dafür haben, was mit den Gütern passiert, die wir für viel Geld in die Welt verschicken. Obwohl Österreich eigentlich keine Waffen in Kriegsgebiete liefern darf, zeigen Recherchen, dass das doch immer wieder passiert. Und auch die meisten Kriegsgebiete waren keine, bevor nicht zumindest eine Seite beschlossen hat, die Waffen sprechen zu lassen.

Wobei die Rüstungsindustrie quasi die Ausnahme von der Regel ist. Denn in diesem Fall verschicken wir selbst Güter in die Welt, die massive Schäden für Mensch und Klima bedeuten, während wir sonst Güter aus der ganzen Welt zu uns kommen lassen, um sie hier zu verbrauchen. Ebenfalls zum Schaden von Mensch und Klima. So entfallen etwa mindestens 20 % der chinesischen Treibhausgas-Emissionen auf den Export von Gütern, die bei uns konsumiert werden. Die Emissionen werden oft China zugerechnet, aber eigentlich fallen sie an, weil Unternehmen damit Gewinn machen, Güter des täglichen Bedarfs um die halbe Welt zu schicken.[56] Die Energie dafür stammt in China oft aus der Verbrennung von Kohle. Aber nicht nur dort.

Zur Besetzung der Lobau kamen auch Aktivist:innen zu Besuch, die für den Erhalt von Hambacher Forst und Lützerath kämpfen. Der Hambacher

Forst und das Dorf Lützerath sind durch den deutschen Braunkohle-Abbau gefährdet. Seit Jahren kämpfen Menschen gegen die Abholzung des Hambacher Forsts. Der Hambacher Wald war ursprünglich der größte Wald Nordrhein-Westfalens und zeichnet(e) sich durch viele seltene Tier- und Pflanzenarten aus. Dennoch wurde der Wald über Jahrzehnte Stück für Stück gerodet. Denn unter den Wurzeln der Bäume findet sich der Brennstoff des deutschen fossilen Kapitalismus: die Braunkohle. Für den Kohleabbau musste nicht nur ein Großteil des Walds weichen, sondern auch Dörfer, deren Bewohner:innen enteignet und zwangsumgesiedelt wurden.[57] Die Bagger, manche größer als Häuser, holten die Kohle aus dem Boden.

Nach 40 Jahren Protest wurde das, was vom Wald noch übrig war, schließlich besetzt. In den Jahren 2012 und 2014 kam es insgesamt zu drei Räumungen der Baumhäuser, die Aktivist:innen kamen jedoch jedes Mal innerhalb weniger Monate wieder in den Hambacher Forst zurück. Manche Menschen lebten jahrelang in Baumhäusern, um sich den Baggern im Dienst des Energiekonzerns RWE mit Sitz in Essen in den Weg zu stellen. Auch österreichische Aktivist:innen lebten mehrere Jahre in Baumhäusern im Hambacher Forst. Anfangs wurden diese Menschen belächelt. Die Proteste für dessen Erhalt spielten sich lange unter dem Radar der Öffentlichkeit ab. Das änderte sich im September 2018, als im Hambacher Wald die nächste Rodungssaison bevorstand und RWE ankündigte, den Wald erst räumen zu lassen und dann zu roden. Diese Ankündigung trat eine Welle von Demonstrationen los und motivierte viele Menschen, sich der Waldbesetzung oder einer der anderen Protestformen anzuschließen. Der lokale Widerstand wurde zu einer großen Kampagne mit internationaler Unterstützung. Unterschiedliche Organisationen, Parteien und Einzelpersonen machten #hambibleibt zu einem so wichtigen Thema, dass die öffentliche Diskussion zum Kohleabbau sich grundlegend änderte und die Rodung vorerst gestoppt wurde. Am 6. Oktober 2018 erreichten die Demonstrationen für den Hambacher Forst ihren Höhepunkt, als sich 50 000 Menschen am Rande des Walds versammelten. Aus dieser Mobilisierung und Dynamik ergab sich einer der bemerkenswertesten Proteste für Klimaschutz der letzten Jahre.[58] Es hatte Jahrzehnte gedauert, aber nun war der Kampf erfolgreich. Auch wenn viele die ersten Schritte zuerst allein gehen müssen: Gemeinsam können wir gewinnen.

Wir können globale Zusammenhänge immer unterschiedlich erzählen. Es gibt nicht die eine richtige Art. Von den Rüstungsexporten in die Türkei kann man zu den kohlebetriebenen Fabriken in China und über die Importe zurück zum Kohleabbau in Deutschland kommen. Aber den deutschsprachigen Raum verbinden auch andere Beziehungen mit der Welt. Denn im Austausch gegen Waffen kommen nicht nur Waren aus aller Welt zurück nach Europa. Es kommen auch viele Menschen, die vor diesen Waffen fliehen. Oder die ihre Heimat verlieren, weil die Klimakrise ihre Lebensräume zerstört. Flucht und die Menschen, die fliehen, beschäftigen mich schon sehr lange. Meine Mutter und ihre Arbeit in einem Flüchtlingshaus haben mir schon früh gezeigt, welche Gefahren und Hürden Menschen zu überwinden haben, die zu uns flüchten müssen. Geflüchtete kommen aus Ländern wie Syrien und Afghanistan, in denen Waffen von Firmen eingesetzt werden, die auch in Österreich produzieren.

Doch der Großteil der Geflüchteten kommt aus afrikanischen Ländern, die meisten aus Marokko[59]. Dort sorgt die zunehmende Wüstenbildung aufgrund der steigenden Temperaturen dafür, dass die Bewässerung und das Bestellen der Felder für viele Menschen immer schwieriger werden. Ob die hohe Zahl der Geflüchteten aus diesem Land auch daran liegt, dass Marokko ein wichtiges Transitland für Flüchtende aus ganz Westafrika ist und deshalb viele ihre Spuren in der Hoffnung verwischen, nicht wieder deportiert zu werden, weiß ich nicht. Aber ich weiß – weil ich es in dem Flüchtlingshaus, in dem meine Mutter arbeitet, so oft erlebt habe –, was es bedeutet, als geflüchteter Mensch in Europa anzukommen. Angesichts der Vorwürfe und der behördlichen Schikanen ist es fast zynisch, die Flucht aus von akut von der Klimakrise bedrohten Gebieten als Widerstand gegen unser zerstörerisches System zu sehen – aber es ist mindestens Notwehr. Auch deshalb hängen die Kämpfe gegen die Klimakrise und gegen die Abschiebung von Menschen in andere Länder zusammen.

Aber natürlich kämpfen auch Menschen in Marokko gegen die Umweltzerstörung, die ihr Land früher und härter trifft. Und das teilweise durchaus erfolgreich. Vor einigen Jahren wollte Italien giftigen Müll aus Neapel nach Marokko exportieren. 2500 Tonnen Giftmülls, der die Region Campania bereits nachhaltig belastete, sollten zur Verbrennung nach Casablanca verschifft werden.[60] Die Region rund um Neapel hat ein massives Problem: Illegale Müllverbrennung, illegale Mülldeponien und das organisierte Verbrechen spielen dabei eine große Rolle. Der Giftmüll sollte also in Marokko verbrannt und das Problem auf diese Weise ausgelagert werden – wie es in Mülldeponien in ganz Afrika passiert. Während die italienischen Regierungsvertreter vertuschten, wie giftig der Müll wirklich war, schwärmten die marokkanischen Behörden von der billigen Ressource für Energieproduktion. Doch rasch regte sich Widerstand gegen diese Pläne. Im ganzen Land wurden Menschen aktiv, sammelten Zehntausende Unterschriften und protestierten gegen die Mülllieferungen. Und die Proteste waren erfolgreich.[61] Marokko setzte den Import von Müll, den europäische Länder in Afrika abladen wollten, zur Energiegewinnung aus.

Und selbstverständlich sind es nicht nur afrikanische Länder, die zu Mülldeponien der reichen Staaten gemacht werden sollen. Bilder von den Schiffsfriedhöfen in Alang etwa gingen um die Welt.[62] In der indischen Küstenstadt wurden Tausende Schiffe abgewrackt, mit schrecklichen Folgen

165

für die Umwelt. Die Belastung mit Schwermetallen, Öl und anderen giftigen Stoffen führte zur Verseuchung der Gewässer mit teils schwer krebserregenden Substanzen. So umspannt der globale Kapitalismus die Welt selbst mit seinen Abfällen so dicht wie ein weltweites Postnetzwerk. Manche Konzerne sogar dichter als die Post. Denn in manche Dörfer schickt man Briefe nicht mehr mit der Post, sondern sie kommen mit der regelmäßigen Lieferung von Coca-Cola. Und auch da schließen sich wieder Kreise zu früheren Geschichten und Kämpfen. Denn Coca-Cola trug genauso wie die Wasserkraftwerke in der Türkei schon auf mehreren Kontinenten zum Wassermangel bei. Und während das Wasser für die Menschen vor Ort fehlt, verunreinigen Abwässer der Produktion die lokale Umwelt mit Schwermetallen wie bei den globalen Müllnetzwerken. Was für den globalen Konzern ein riesiger wirtschaftlicher Erfolg ist, bedeutet für die Produktionsländer Ausbeutung und Umweltzerstörung. Meine vorwissenschaftliche Arbeit im Gymnasium habe ich über das Vorgehen Coca-Colas in Indien und die Kämpfe gegen die dortige Umweltzerstörung geschrieben. Dort kam es durch den Schlamm und das Abwasser der Coca-Cola-Fabriken jahrelang zur massiven Verunreinigung der Böden mit giftigem Blei und Kadmium.[63] Dutzende „Abfüllanlagen" pumpen in Indien jeden Tag viele Millionen Liter Wasser in Gebieten ab, in denen Grundwasser ohnehin knapp ist. Durch das absinkende Grundwasser sind bereits Hunderte Brunnen versiegt, was es der Bevölkerung enorm erschwert, sich Wasser zu beschaffen. Das ist in einem Land wie Indien, das durch die Klimakrise extreme Hitzeperioden mit über 50 Grad erlebt, besonders dramatisch. Es kam dort außerdem – wie auch in Marokko – zu einem Rückgang der Landwirtschaft, in den betroffenen Gebieten vor allem wegen der Giftmüllproduktion des Konzerns Coca-Cola. Und obwohl Wasser in der Verfassung Indiens ganz klar als Grundrecht festgehalten ist, gibt es kaum gewonnene Verfahren, aber viele öffentlich gewordene Bestechungs- und Korruptionsskandale. Doch auch in dieser verzweifelten Situation fanden sich Menschen, die gegen die Ausbeutung von Natur und Menschen kämpfen. Einer davon ist Vandana Shiva. Sie beschreibt das Vorgehen des Konzerns und der Widerständigen so: „Coca-Cola verhält sich wie ein Krimineller in diesem indischen Dorf, wo die Stammesfrauen ihr Trinkwasser verloren haben, weil täglich 1,5 Millionen Liter Wasser gefördert werden. Coca-Cola hat sein Bestes getan, um unsere Frauen zu terrorisieren, unsere Gerichte zu korrumpieren, unsere Beamten zu bestechen. Aber wir haben nicht lockergelassen und einige Schlachten gegen Coke gewonnen."[64]

Wir, das sind in diesem Fall vor allem ganz viele mutige Frauen. Frauen wie jene aus Plachimada. Das dortige Coca-Cola-Werk stellte ihre Lebensgrundlage infrage. Sie gingen zu Tausenden auf Protestmärsche, wurden zu Hunderten verhaftet, warfen 50 Säcke Kuhdung an die Mauern des Werks, um sie symbolisch reinigen zu können. Sie zogen vor Gericht, erkämpften trotz massiver Einschüchterungen zuerst maximale Abpumpmengen und später das Recht auf Entschädigungszahlungen. Schließlich schloss die Fabrik. Doch Entschädigungen wurden bisher keine gezahlt, und das Wasser muss aus einem anderen Dorf geliefert werden, da die Brunnen noch immer mit Giftstoffen belastet sind, und der Grundwasserstand blieb niedrig. Haben die Frauen gewonnen, weil sie einen Weltkonzern vertreiben konnten? Oder haben sie verloren, weil ihr Kampf Jahre dauerte und der Erfolg zu spät kam? War es am Ende gar ein Erfolg für Coca-Cola, weil sie das Wasser von Plachimada ausplündern konnten und sich bisher erfolgreich um Entschädigungszahlungen drücken konnten?[65] Ich denke wieder an Juma, die mir die Hand drückt. Ja, die Konzerne, die für all das verantwortlich sind, die Umwelt und Klima für ihre Profitmaximierung zerstören – die haben ihre Firmensitze hier bei uns.

Manche dieser Geschichten sind traurig, manche ermutigend. Manche sind ein paar Jahre her, andere finden gerade statt. Aber sie alle gehören zu den Kämpfen ums große Ganze. Dem Kampf gegen die umweltzerstörende Ausbeutung des Planeten für die ganz großen Profite. Dem Kampf gegen die Entrechtung und Vertreibung von Menschen, um neue Energiequellen zu erschließen oder sich deren lebensnotwendige Ressourcen anzueignen. Nicht alle diese Kämpfe waren erfolgreich. Aber alle haben gezeigt, dass wir Kämpfe führen müssen, wenn wir eine lebenswerte Zukunft haben wollen.

Von manchen dieser Kämpfe kleben Sticker an dem Schrank, auf den ich jedes Mal schaue, wenn ich zur nächsten Aktion fahre. Und all die Menschen, über deren Kämpfe ich gelesen habe, mit denen ich über ihre Kämpfe sprechen konnte und mit denen ich gemeinsam kämpfen durfte, haben mir eine Sache beigebracht: Gemeinsam haben wir eine Welt zu gewinnen.

Geschichte
und
Erfolge
von sozialen
Bewegungen

In Anbetracht der Komplexität unserer globalisierten Welt und des in ihr herrschenden Unrechts könnten wir verzagen. Es scheint manchmal unsagbar schwer zu sein, angesichts all der anstehenden Aufgaben nicht den Mut zu verlieren. So viele Kämpfe auf der ganzen Welt. So unterschiedliche Mittel, Methoden und Ansätze trotz gleicher Ziele. Inmitten von Menschen, die sich Realist:innen nennen und die im Alltagszynismus ihre Hoffnung und die großen Visionen verloren haben. Woran also können wir uns festhalten? Wir, die wir das Unrecht nicht einfach so hinnehmen wollen.

Es gibt keinen Grund, zu verzagen oder sich gar entmutigen zu lassen. Es gibt nur viele Gründe, den Kampf zu wagen. Generationen vor uns haben für die größten Träume, die unmöglichsten Ziele gekämpft und dabei eine ganze Menge erreicht. Auch wenn ihnen nicht alles gelungen ist – einige der größten gesellschaftlichen Errungenschaften, von denen wir heute profitieren, haben Menschen vor uns erkämpft, erarbeitet, zusammen geschaffen. Das können wir auch.

Deshalb möchte ich mit euch zum Abschluss dieses Buchs noch einmal zurückblicken. Denn die großen Siege der Vergangenheit sind die Grundlage für unsere Erfolge in der Zukunft. Ohne die sozialen Bewegungen der Vergangenheit wüssten wir gar nicht, dass man das System verändern und Verbesserungen für die Menschheit erkämpfen kann. Und dort, wo die Menschen vor uns (noch) nicht gewonnen haben, fangen unsere Kämpfe an.

Wie formulierte es Emmeline Pankhurst, die bekannte britische Frauenrechtlerin, die sich für das Frauenwahlrecht in England einsetzte, 1908 in ihrer „Speech on the Dock"? „Wir haben alles versucht. Wir haben größere Petitionen eingereicht, als es je für eine Reform gab; wir haben größere öffentliche Kundgebungen abgehalten, als Männer es für eine Reform je vermocht haben, obwohl es für Frauen schwierig ist, ihr natürliches mangelndes Selbstvertrauen, diesen Wunsch, nicht in der Öffentlichkeit zu stehen, den wir von Generationen unserer Vorfahrinnen geerbt haben, abzuschütteln; das haben wir überwunden. Wir haben feindlichen Mobs die Stirn geboten, weil man uns gesagt hat, dass wir eine politische Vertretung unseren Steueranteilen entsprechend und wie Männer sie bereits für sich gewonnen haben nur haben können, wenn wir das ganze Land auf unsere Seite gebracht haben. [...] Wir wissen nun, dass wir den Schutz des Wahlrechts noch mehr brauchen als die Männer ihn gebraucht haben."[66]

Und wir Frauen haben es uns erkämpft – das Frauenwahlrecht und so vieles mehr, was heute für uns selbstverständlich ist: Ob und für wen wir arbeiten, das Recht, uns scheiden zu lassen, wichtige Schritte auf dem Weg zur Selbstbestimmung über den eigenen Körper. Vieles davon ist noch nicht gut genug und bestimmt nicht ausreichend – aber es ist viel besser, als es davor war. Frauen auf allen Ebenen der Gesellschaft, bis in die Regierungsbüros hinein, haben das – zum Missfallen der Männer –

gemeinsam erreicht. Und in der Politik waren jene Frauen am erfolgreichsten, die in ihrer politischen Arbeit an diese Emanzipationsbewegung anknüpfen konnten und wollten. „Das politische Grundmuster, das ich während meiner ganzen Regierungszeit durchzuhalten trachtete, war, nicht für die Frauen, sondern mit den Frauen Politik zu machen", sagte Johanna Dohnal,[67] SPÖ-Politikerin und erste Frauenministerin Österreichs.

Diese historischen Siege werden in der Schule gelehrt und bilden den Grundstein für unsere Gesellschaft, wie sie heute ist. Aber es war eine Entwicklung, die es so nicht gegeben hätte, wenn niemand aufbegehrt hätte, wenn sich Frauen nicht jahrzehntelang gegen große Widerstände dafür eingesetzt hätten.

EIN KURZER ABRISS
DER FRAUEN(WAHLRECHTS)BEWEGUNG

Auslöser für die Frauenbewegung war die Französische Revolution. Die Ideen von Freiheit, Gleichheit und Brüderlichkeit, die für alle Menschen gelten sollten, waren dann doch eher für Männer reserviert. Aber der Wandel der Gesellschaft hatte schon begonnen. Unaufhaltsam. So verfasst Olympe de Gouges, französische Schriftstellerin, Revolutionärin und Frauenrechtlerin, 1791 „Die Erklärung der Rechte der Frau und Bürgerin". In 17 Artikeln werden Forderungen zur Angleichung von Geschlechterverhältnissen formuliert, die die Tyrannei der Männer beenden sollen.

Von diesem Zeitpunkt an würden sich Frauen nie mehr für lange aus der Öffentlichkeit drängen lassen. In den folgenden Revolutionen, die Europa veränderten, nahmen Frauen und ihr Kampf für ihre Rechte einen immer größeren Raum ein. In Deutschland erhoben die ersten Frauen in der Revolution von 1848 die Forderung nach einer Ausweitung des Wahlrechts. In vielen anderen Ländern entstanden ebenfalls Bewegungen, die sich für das Frauenwahlrecht einsetzten. Die Suffragetten in England, zu denen Emmeline Pankhurst gehörte, versetzten die britische Gesellschaft in Aufruhr. In Neuseeland erlangten die Frauen das Wahlrecht früher als in Frankreich, dem Ursprungsland des Kampfes dafür, aber schließlich setzte es sich fast auf der ganzen Welt durch. Nur mehr eine Handvoll Länder verweigert uns Frauen das Recht zu wählen. Wir Frauen haben Streiks für die Bezahlung der Hausarbeit organisiert, öffentliche Aktionen, Demonstrationen, die parlamentarische Konfrontation gesucht. Wir waren fast überall auf der Welt erfolgreich.

Aber damit haben wir noch nicht gewonnen. Trotz aller Erfolge sind viele Ziele, die die Frauenbewegung angetrieben haben, noch nicht erreicht. „Wer behauptet, dass die Befreiung der Frau der Arbeiterklasse darin liegt, eine Arbeit außerhalb des Hauses zu finden, erfasst nur einen Teil des Problems, aber nicht seine Lösung. Die Sklaverei des Fließbands ist keine Befreiung von der Sklaverei des Spülbeckens", schreibt die autonome italienische

Feministin Maria Rosa Dalla Costa.[68] Und Silvia Federici, emeritierte Professorin für politische Philosophie und Women Studies sagt zum selben Thema: „Denn es gibt nichts anderes, das auf unser Leben so bedrückend wirkt, wie die Verwandlung der Tätigkeiten und Beziehungen, die unsere Bedürfnisse befriedigen, in Arbeit."[69] Viel zu oft wurde aus der Emanzipation der Hausfrau die Doppelbelastung von Fabrik und Spülbecken.

Damit verbunden ist es auch mit der Selbstbestimmung nicht so weit her. Abtreibungen sind immer noch umkämpft – wie die USA mit ihrem jüngsten Abtreibungsurteil des Obersten Gerichtshofs erst unlängst wieder bewiesen haben. Auch heute gibt es in den einen Ländern Fortschritte, während in anderen die Rechte von Frauen noch immer mit Füßen getreten werden. Etwa in Afghanistan, wo ihnen unter den Taliban die Chance auf Bildung verwehrt wird und Frauen grundsätzlich der Kontrolle von Männern unterworfen sind. Viele Forderungen, die in der Frauenbewegung offen diskutiert wurden, stehen heute gar nicht mehr auf der Agenda der breiten Öffentlichkeit. Wie etwa die Forderung nach Lohnzahlungen für Reproduktions- und Hausarbeit.[70]

175

Freiheit und Selbstbestimmung gibt es nur kollektiv. Deshalb hatte Johanna Dohnal recht, als sie uns daran erinnerte, dass unsere Erfolge noch nicht unser Sieg sind: „Die Jubelmeldungen über das Ende des Patriarchats durch den Vormarsch der Frauen in vielen gesellschaftlichen Bereichen sind als das zu verstehen, was sie sind: Propaganda der Patriarchen und Postfeministinnen."[71]

Wir Frauen haben also noch nicht gewonnen. Wir müssen weiterkämpfen – für unsere Rechte und für die der nachfolgenden Generationen.

BÜRGER:INNENRECHTSBEWEGUNG
DER PEOPLE OF COLOUR

„Ohne eine Chance, an der Macht teilzuhaben, also ohne organisierte politische und wirtschaftliche Kraft, um tatsächlich Einfluss auf das Zusammenleben mit anderen Menschen zu nehmen, ist Integration nicht viel wert", schreibt Stokely Carmichael, der amerikanische Bürgerrechtler.[72]

Wie Frauen waren auch People of Colour von der Freiheit und Gleichheit, die die Französische Revolution versprach, ausgeschlossen. Sie mussten schon lange vorher am eigenen Leib erfahren, was es bedeutet, unfrei zu sein, verfolgt, verschleppt, ausgebeutet oder sogar ermordet zu werden. „Millionen und Abermillionen von Afrikanern wurden gefangen und als Sklaven verkauft. Und ganze Städte wurden von Kämpfen um den Sklavenhandel zerstört. [...] Warum haben sie uns verkauft? Wie konnten sie das nur tun?", lässt Alice Walker ihre Romanfigur Celie in *Die Farbe Lila* fragen.[73] Die Antworten der Unterdrücker darauf haben sich mittlerweile geändert.

Die Französische Revolution machte zwar eine andere Rechtfertigung dafür nötig, aber an der Ungleichheit und Unfreiheit änderte sie nichts. Der moderne Rassismus wurde geboren. Doch es gab auch Gegenbewegungen. Zum Beispiel die Revolution auf Haiti, bei der verschleppte Sklav:innen den freien Staat Saint-Domingue gründeten. Ihre Anführer wussten selbstverständlich schon, woran die Unterdrücker:innen ihre Überlegenheit festmachten. „Meine Hautfarbe – hinderte sie mich, meinem Land mit Eifer und Treue zu dienen? Stellt meine Hautfarbe meine Ehre und meinen Mut infrage?", schrieb einer ihrer Anführer, François-Dominique Toussaint Louverture, im Jahr 1863.[74]

Doch vielen People of Colour stand die schlimmste Zeit noch bevor. Die Verfolgung und Verschleppung ging weiter, in den Kolonien wurden sie ermordet, in den entstehenden Demokratien versklavt oder ausgegrenzt. Noch Mitte des 20. Jahrhunderts lebten sie in ihrer Heimat in Armut, während die Länder ihrer Vorfahren im Elend versanken. „Sie wollen, dass wir uns hier um eine Tasse Kaffee sorgen, während sie gleichzeitig drüben in unseren Mutterländern Bodenschätze klauen, die so wertvoll sind, dass die ganze Welt rotiert", merkt Malcom X dazu an.[75] Und Toni Morrison schreibt in ihrem Roman *Sehr blaue Augen*: „Da wir sowohl dem Stand als der Klasse nach eine Minderheit waren, bewegten wir uns sowieso am Saum des Lebens, kämpften darum, unsere Schwächen zu festigen und uns festzuhalten oder jeder für sich in die größeren Falten des Gewandes hineinzukriechen."[76] In gewisser Weise gilt das auch heute noch. Und doch ist vieles anders geworden.

In den USA erkämpften Generationen von People of Colour ihre Rechte gegen den Widerstand der Sklavenhalter:innen und Rassist:innen, erkämpften sich die Freiheit von der Sklaverei. Bedeutete diese Freiheit die gleiche Freiheit, die die USA den weißen Bürger:innen versprachen? James Baldwin, der bedeutende amerikanische Schriftsteller, der sich in seinen Arbeiten oft mit dem Thema Rassismus auseinandersetzte, merkt dazu an: „Die weißen Amerikaner gratulieren sich zu der Entscheidung des Supreme Court aus dem Jahr 1954, die die Rassentrennung in den Schulen für gesetzeswidrig erklärt; sie glauben, trotz des Berges von Beweismaterial, der sich angesammelt hat und für das Gegenteil spricht, dies sei ein Indiz für einen Gesinnungswandel."[77] Es war also ganz offenbar nicht die gleiche Freiheit. „Anfang 1963, neun Jahre nach der historischen Gerichtsentscheidung, besuchten etwa neun Prozent der schulpflichtigen Bevölkerung integrierte Schulen. Würde dieses Tempo beibehalten, dann würde das Jahr 2054 anbrechen, bis die völlige Integration an den Schulen des Südens erreicht wäre", hielt Martin Luther King fest.[78]

Es gab nur eine Möglichkeit, daran etwas zu ändern, wie Stokley Carmichael 1966 schreibt: „Das Kernstück unserer augenblicklichen Vorstellungen ist kurz gesagt die Überzeugung, dass der Schlüssel zu tiefgreifenden Umwälzungen die Macht ist. [...] Deshalb arbeiten wir für die Freiheit dadurch, politische und ökonomische Macht überall auf lokaler Ebene zu erlangen. Wir ermutigen die

Schwarzen, dort von ihrer Mehrheit Gebrauch zu machen, um die Kontrolle über die lokale Verwaltung auszuüben."[79]

Der Rassismus gegen People of Colour steht in krassem Widerspruch zu den Versprechen von Freiheit und Gleichheit. Haben sie heute die gleiche Freiheit wie die Weißen? Nein. Denn zu gut passt die Spaltung der Menschen in Weiße und Schwarze, Überlegene und Unterdrückte in unsere Welt. „Ohne die Überwindung veralteter Produktions- und Konkurrenzverhältnisse bleibt auch der Rassismus erhalten. Denn in diesen Verhältnissen hat er heute sein Zuhause. Daher müsste ein konsequent zu Ende gedachter Antirassismus statt auf Gleichstellung innerhalb bestehender Verhältnisse auf gesellschaftliche Veränderung abzielen."[80]

Mit der Aufhebung der rassistischen Trennung der Sitzplätze, deren Vorkämpferin Rosa Parks mit ihrem zivilen Ungehorsam war, war der Rassismus noch lange nicht aus der Welt. „In der Eisenbahn überließ man mir nicht einen, sondern zwei, drei Plätze", schrieb dazu Frantz Fanon, der auf Martinique geborene französische Schriftsteller und Politiker, dessen Hauptwerk *Die Verdammten dieser Erde* als Manifest des Antikolonialismus gilt, 1952 dazu.[81] Noch heute sterben mehr People of Colour durch Polizeigewalt als Weiße. Black Lives Matter ist die Antwort darauf. Die Freiheitsbewegungen der People of Colour haben viel erreicht. Doch ihre vollständige Befreiung liegt noch in weiter Ferne. Wie aber schon Martin Luther King wusste:

179

„Der Ablauf einer Revolution lässt sich nicht wie eine Ballettchoreographie im Voraus festlegen."[82] Und es gibt keine Freiheit und Gleichheit für manche von uns, wenn es keine Freiheit und Gleichheit für uns alle gibt.

ARBEITER:INNENBEWEGUNG

Acht-Stunden-Tag, bezahlter Urlaub, Arbeitslosen-, Unfall- und Krankenversicherung, Arbeitsschutz, Pensionszahlungen, Pausenregelungen, Mindestlöhne, Tarifverträge usw. – das alles hat die Arbeiter:innenbewegung für uns erkämpft. Durch Streiks, Maschinenstürmerei, Arbeiter:innenunruhen, Revolutionen, Scheitern, Verrat, Vernichtung. Keine andere soziale Bewegung hat die heutige Welt so stark geprägt.

Doch was ist die Arbeiter:innenbewegung überhaupt? Wann begann sie? Gehören auch die aufständischen Bauern der Frühen Neuzeit dazu? Die Frauen, die die Brotaufstände im frühkapitalistischen England anführten? Die Sklav:innen von Haiti, die die Kolonialherrschaft abschüttelten?

Die Arbeiter:innenbewegung hat einen Traum in die Welt gesetzt, den wir noch heute träumen: den Traum einer gerechten Welt, in der es nicht um den Wohlstand einiger weniger geht, sondern um eine selbstbestimmte Gesellschaft. Und sie hat dagegen angekämpft, dass die einen von der Ausbeutung der anderen profitieren. Solange Menschen die Macht haben, darüber zu bestimmen, wie und wann andere Menschen zu arbeiten haben, wird die

Arbeiter:innenbewegung darum kämpfen, dieser Macht so enge Grenzen wie möglich zu setzen. Deshalb galt der Kampf der Arbeiter:innenbewegung lange Zeit vor allem der Organisation des kapitalistischen Arbeitstags.

Wie aber sah der Alltag für die Arbeiter:innen damals überhaupt aus? Die Disziplinierung der Arbeiter:innen etwa wurde mit Strafen durchgesetzt.[83] Bis ins 19. Jahrhundert war die Unregelmäßigkeit der Arbeitstage und des Arbeitsjahrs die Regel. Der geregelte Arbeitstag wurde erst zu einer Selbstverständlichkeit, als alle Bereiche der Produktion zunehmend kalkulierbar gemacht wurden. „Wo immer Menschen ihren Arbeitsrhythmus selbst bestimmen konnten, bildete sich ein Wechsel von höchster Arbeitsintensität und Müßiggang heraus."[84] Dass der kalkulierbare Arbeitstag durchgesetzt werden musste, lag im Interesse des entstehenden Kapitalismus, der Arbeitskräfte berechenbar und optimiert ausbeuten musste.

Doch welche Folgen hatte diese Optimierung? „Kinder von fünf bis sechs Jahren werden teils in den Werkstätten der Eltern, teils in den Fabriken zu ganz mechanischen Fertigkeiten abgerichtet. In den Fabriken fängt die Arbeit um sechs Uhr früh an und dauert gewöhnlich bis abends um 21 Uhr, die Mittagsstunde allein ausgeschlossen, ununterbrochen durch", wie es im deutschen Regierungsbericht aus dem Jahr 1818 heißt.[85] Sechs Tage die Woche, ohne Pausen, zwölf Stunden pro Tag. „Im November 1831 erhielt der bei der Fabrikation der einfachen Stoffe beschäftigte Arbeiter für ein Tagewerk von 18 Stunden nicht mehr als 18 Sous", schrieb Louis Blanc, der Begründer der Sozialdemokratie, 1843.[86] Ein Lohn, der knapp zum Überleben reichte. „In gewöhnlichen Zeiten arbeitet man also 13 Stunden, wird indes viel fabriziert, so müssen sich die Arbeiter auch dazu bequemen, noch länger auszuhalten."[87]

Der Kampf um Freiheit und um ein bisschen Freizeit war auch ein Kampf um Gerechtigkeit. Schon der Französischen Revolution wurde vorgeworfen, ihrem eigenen Anspruch nicht gerecht geworden zu sein und nach dem Umsturz bloß neue Herrschaftsverhältnisse geschaffen zu haben. „Man wird nicht behaupten, die Menschen hätten dieser Vereinigung zugestimmt, hätte man ihnen vorhergesagt, dass darin Institutionen entstehen würden mit dem Ergebnis, die Mehrheit bald die ganze Last der Arbeit tragen, Blut und Wasser schwitzen und Hungers sterben zu lassen, um einer Handvoll Bürger müßiggängerischen Genuß zu verschaffen." Das sagte der Frühsozialist Cajus Gracchus Babeuf am Tag seiner Hinrichtung am 27. Mai 1797.[88]

Deshalb erhoben sich die Arbeiter:innen in den folgenden Jahrhunderten gegen ihre Ausbeuter. In der Erklärung von 1871 der Pariser Kommune – dem ersten großen Versuch, eine Stadt nach sozialistischen Vorstellungen zu verwalten, der nach etwas mehr als zwei Monaten scheiterte – heißt es: „Arbeiter, [...] wenn ihr wollt, dass eure Kinder Menschen seien, die aus ihrer Arbeit Nutzen ziehen, und nicht eine Art besonders dressierter Tiere für die Fabrik oder den Kampf, welche mit ihrem Schweiß das Vermögen eines Ausbeuters befruchten [...], wenn ihr wollt, dass Gerechtigkeit herrsche, dann Arbeiter, seid klug, erhebt euch."[89] Und sie erhoben sich – wieder und wieder. Sie gründeten Gewerkschaften, weil sie gemeinsam stärker waren als allein. Sie gründeten Vereine, um sich selbst zu bilden und sich einen Raum für kulturelle Entfaltung zu schaffen. Sie erkämpften mit Parteigründungen und Streiks die Senkung der Arbeitszeit bis zum Acht-Stunden-Tag, um mehr Freizeit und mehr Zeit für den Kampf um die Freiheit zu haben.

Über all die von diesen sozialen Bewegungen erkämpften Errungenschaften hinaus verdanken wir ihnen auch das Wissen, dass wir etwas ändern können. Dass wir die Welt verändern können. Dass es uns gelingen kann, das Leben auf diesem Planeten gerechter zu gestalten. Dass die Welt, die wir uns erkämpfen können, nicht nur eine klimagerechte ist. Sondern eine, die auch frei und sozial gerecht ist. Ich glaube daran. Ich kämpfe dafür. Mit vielen anderen. Tag für Tag. Nacht für Nacht.

183

Eine **Welt** zu gewinnen

Wir müssen also nicht tatenlos zusehen, wie sich die Geschichte entwickelt und als Unbeteiligte am Rand stehen bleiben und zusehen, sondern wir können etwas bewirken und bewegen.

Wir alle tragen als Gesellschaft auch morgen die Verantwortung für die Entscheidungen, die heute getroffen werden. Denn jede Entscheidung und alles, was wir tun, beeinflusst die Welt von morgen. Ein Gespräch in der U-Bahn, eine Unterhaltung bei einer Straßenblockade und jede Versammlung von Menschen, die sich gemeinsam äußern. All das ist Politik. Und auch jede Entscheidung, die *nicht* getroffen wird, trägt dazu bei, dass die Zukunft eine andere sein wird. Wir können uns dieser Verantwortung nicht entziehen. Die Jahre bis 2030 werden für die Entwicklung der Menschheit entscheidend sein. Wie steht ihr dazu, wenn ihr diese Zeilen lest? Ja, ihr müsst euch hier und jetzt entscheiden, wie ihr durch die Welt gehen wollt.

Wir haben eine Welt zu gewinnen, denn wenn wir weitermachen wie bisher, haben wir sie schon verloren. Alles wird gut, sagen die Entscheidungsträger:innen und ändern nichts. Immer und immer wieder sagen sie es. Dann frage ich: Wie? Wie wird alles gut? In einer Welt, in der wir die Teilnahme an der globalisierten Ausbeutung perfektioniert haben, ohne rechtfertigen zu können, mit welchem Recht wir das eigentlich tun und ohne die Bereitschaft, die Konsequenzen zu tragen. Ich frage mich, ob wirklich irgendwer glaubt, dass „alles gut wird". Oder können wir das nur glauben, wenn wir einfach aufhören hinzuschauen? Dann aber wird alles noch schlimmer – bis wir die Augen vor der Wirklichkeit nicht mehr verschließen können.

Der Kampf gegen die Klimakrise ist eine historische Notwendigkeit, wenn wir auch nur irgendeinen Anspruch auf Menschlichkeit haben wollen. Ich kämpfe nicht gegen die Klimakrise, weil ich Öko bin oder Insekten besonders gernhabe. Nein, ich und meine Mitstreiter:innen tun das, weil es dabei um das Leben und die Lebensrealitäten von Hunderten Millionen Menschen geht.

Dafür müssen wir die Krisen als systemische begreifen. Stellen wir uns einen Baum vor, dessen Blätter langsam verdorren, weil er auf vergiftetem Boden steht. Wir können die Blätter ein paar Mal grün anmalen, um den Eindruck zu erwecken, dass der Baum gesund ist. Aber wenn wir genauer hinschauen, entdecken wir, dass die Wurzeln bereits absterben und dass alle Versuche, den Baum nach außen hin so lange wie möglich gesund erscheinen zu lassen, nur dazu dienen, seinen Verfallsprozess zu vertuschen. Die einzige Rettung ist, ihn samt seinen Wurzeln auszugraben und aus dem vergifteten Boden in frische Erde zu setzen. Mit den Krisen, die uns jetzt schon begegnen, verhält es sich ähnlich wie mit den braunen Blättern. Wir können versuchen, die Symptome dieser Krisen zu bekämpfen und bei Hochwasser einfach immer höhere Dämme bauen, Konzepte für die Prävention von Waldbränden erarbeiten und Klimaanlagen installieren. All das wird aber nicht dazu führen, dass die Krisen weniger werden. Der Aufwand, sie zu bekämpfen, wird bloß immer höher werden. Wir müssen das Problem an der Wurzel packen – das meint „radikal" im Wortsinn.

Dafür brauchen wir den Mut, an eine andere Gesellschaft zu glauben und gemeinsam daran zu arbeiten, eine radikal demokratische und klimagerechte Gesellschaft zu erschaffen. Das klingt vielleicht abstrakt, ist es aber nicht. Es gibt begrenzte Ressourcen auf diesem unserem Planeten, und wir müssen sie so verteilen, dass alle genug haben. Sicher, das bedeutet einen enormen logistischen Aufwand und eine gewaltige Herausforderung – unmöglich ist es aber ganz bestimmt nicht. Wir müssen beginnen, in unseren Lebensrealitäten mitzuentscheiden, in der Schule, in der Arbeit, an der Uni und bei der Lehrstelle. Verantwortung für Entscheidungen übernehmen und Menschen ermutigen, sie mit uns gemeinsam zu treffen.

Wenn ich heute schreibe, dass wir die Welt vom Kopf auf die Füße stellen müssen, meine ich damit, dass wir schon lange von all diesen Krisen wissen und die Lösungen und Erkenntnisse dazu auf dem Tisch liegen. Wir wissen also, wie eine gerechte Welt ausschauen kann und was es bräuchte, uns ihr Schritt für Schritt anzunähern: Demokratisierung, Umverteilung von Vermögen und langfristige Pläne, die nicht an kurzzeitige Wirtschaftsinteressen gebunden sind. Und jetzt müssen wir versuchen, all das gesammelte Wissen auch umzusetzen.

187

Gerade schaue ich meine Katze an, die mit einem Wollknäuel spielt. Ja, unsere Welt ist wie ein Wollknäuel, das sich verknotet und verheddert hat. Wir müssen an verschiedenen Enden die Fäden aufnehmen und beginnen, sie zu entwirren. In Bewegungen, Parteien, auf der Straße, im Grätzel, im Ort, in der Stadt, im Parlament. Nur wenn viele verschiedene Menschen gemeinsam beginnen, an unterschiedlichen Stellen an demselben Knoten zu arbeiten, wird er sich lockern. Dann haben die Menschen wieder die Fäden in der Hand und können beginnen, sie neu zu ordnen.

Wie genau wir das schaffen? Ich glaube, darauf gibt es keine allgemeingültige Antwort. Es braucht Widerstand, der von Petitionen, Gerichtsverfahren über das Verteilen von Zeitungen bis zu zivilem Ungehorsam reicht. Wir werden gemeinsam auf die Straße gehen und Baustellen oder Kohlegruben besetzen. Wir werden Baumhäuser bauen, und wir werden uns zusammenschließen. In kleinen Gruppen und großen Organisationen, in basisdemokratischen Bewegungen und Parteien. Wir können die Verhältnisse verändern, wenn wir unsere Haltung zur Welt verändern.

Organisieren wir uns!

Anmerkungen

1   Anzahl zugelassener Pkws in Deutschland von 1960 bis 2022. https://de.statista.com/statistik/daten/studie/12131/umfrage/pkw-bestand-in-deutschland/ (letzter Zugriff: 28.6.2022)

2   Anzahl der Personenkraftwagen (Pkw) in Österreich von 1960 bis 2021. https://de.statista.com/statistik/daten/studie/150173/umfrage/bestand-an-pkw-in-oesterreich/ (letzter Zugriff: 28.6.2022)

3   Menschheitsrisiko Klimawandel. Von Ökokrise bis Gesellschaftszerfall. https://taz.de/Weltrisikobericht-2022/!5825225/ (letzter Zugriff: 28.6.2022)

4   Ergebnisse der UN-Klimakonferenzen. https://www.bmuv.de/themen/klimaschutz-anpassung/klimaschutz/internationale-klimapolitik/un-klima konferenzen/ergebnisse-der-un-klimakonferenzen (letzter Zugriff: 28.6.2022)

5   Erderhitzung: Antarktis-Temperatur derzeit um
    40 Grad zu hoch. https://infothek.bmk.gv.at/erd
    erwaermung-rekordtemperaturen-in-der-antarktis/
    (letzter Zugriff: 28.6.2022)

6   „Deeply sorry": UK's Sharma offers apology for last-
    minute changes to climate deal. https://www.reuters.
    com/business/cop/deeply-sorry-uks-sharma-offers-
    apology-last-minute-changes-climate-deal-2021-11-13/
    (letzter Zugriff: 28.6.2022)

7   Luisa Neubauer, In 99 Monaten ist 2030.
    https://twitter.com/luisamneubauer/status/
    1447850506123153410?lang=en
    (letzter Zugriff: 28.6.2022)

8   The Lancet Planetary Health (2021). doi: 10.1016/
    S2542-5196(21)00278-3 (letzter Zugriff: 28.6.2022)

9   Klimapolitik muss die extrem Reichen treffen.
    https://kontrast.at/co2-ausstoss-verursacher/
    (letzter Zugriff:28.06.2022)

10 Credit Suisse Global Wealth Report. https://de.statista.com/
    infografik/19717/verteilung-des-weltweiten-vermoegens/
    (letzter Zugriff: 28.6.2022)

11 Klimaflüchtlinge. Die verleugnete Katastrophe.
    https://d21buns5ku92am.cloudfront.net/69457/documents/
    46792-1638529842-klimafluechtlinge_endv_0-de1d42.PDF
    (letzter Zugriff: 28.6.2022)

12 „Bester Tag aller Zeiten": Bezos nach Flug ins All sicher
    gelandet. https://kurier.at/wirtschaft/der-naechste-
    milliardaer-im-all-bezos-rakete-hebt-ab/401449201
    (letzter Zugriff: 28.6.2022)

13 Millionen Menschen in über 150 Ländern: Bilder und
    Eindrücke vom größten Klimastreik aller Zeiten.

https://utopia.de/fridays-for-future-groesster-klimastreik-aller-zeiten-157434/ (letzter Zugriff: 28.6.2022)

14 Wirbelstürme werden durch Klimawandel immer ausdauernder. https://www.br.de/nachrichten/wissen/wirbelstuerme-werden-durch-klimawandel-immer-ausdauernder,SG8Srcm (letzter Zugriff: 28.6.2022)

15 Oliver Nachtwey, Die Härte, mit der uns die Krise trifft, ist den Fehlentwicklungen der letzten 30 Jahre geschuldet. https://www.republik.ch/2020/04/03/die-haerte-mit-der-uns-die-krise-trifft-ist-den-fehl-entwicklungen-der-letzten-30-jahre-geschuldet (letzter Zugriff: 28.6.2022)

16 Was sind uns Medikamente wert? https://www.zeit.de/2021/33/pharmaindustrie-antibiotika-forschung-produktion-schweiz-staatliche-hilfe-eingriff-politik (letzter Zugriff: 28.6.2022)

17 Rendite zu klein, Risiko zu gross. https://www.swissinfo.ch/ger/schweizer-pharma-und-covid-19_rendite-zu-klein--risiko-zu-gross/45609548 (letzter Zugriff: 28.6.2022)

18 Tödliche Jagd auf Gewerkschaftler. https://www.zeit.de/wirtschaft/unternehmen/2013-11/kolumbien-ermordung-nestle-gewerkschaftler (letzter Zugriff: 28.6.2022)

19 Nestlé macht lukrative Geschäfte mit Trinkwasser. https://www.fr.de/panorama/nestl-macht-lukrative-geschaefte-trinkwasser-10993341.html (letzter Zugriff: 28.6.2022)

20 Nestlé ist böse, Nestlé ist der Feind. https://www.faz.net/aktuell/wirtschaft/unternehmen/nach-kloeckner-video-der-schlechte-ruf-von-nestle-hat-seine-gruende-16228267-p3.html (letzter Zugriff: 28.6.2022)

21 Was macht ein Unternehmen zu einem Vorreiter in Sachen Klimaschutz? https://www.schroders.com/de/at/finanzberater/insights/maerkte/was-macht-ein-unternehmen-zu-einem-vorreiter-in-sachen-klimaschutz/ (letzter Zugriff: 28.6.2022)

22 The Cobra Effect. https://freakonomics.com/podcast/the-cobra-effect-2/ (letzter Zugriff: 28.6.2022)

23 Friedrich August von Hayek (2002), Grundsätze einer liberalen Gesellschaftsordnung. In: Gesammelte Schriften in deutscher Sprache. Abt. A Band 5: Grundsätze einer liberalen Gesellschaftsordnung. Aufsätze zur Politischen Philosophie und Theorie, 73.

24 Ulrich Brand, Sozial-ökologische Transformation als gesellschaftspolitisches Projekt. http://www.beigewum.at/wp-content/uploads/Brand-Ulrich.pdf (letzter Zugriff: 28.6.2022)

25 Georg Auernheimer (2021), Wie gesellschaftliche Güter zu privatem Reichtum werden, 33 ff.

26 Wer gewinnt, wer verliert im Klimawandel? https://www.spiegel.de/wissenschaft/natur/klimawandel-wer-gewinnt-wer-verliert-a-1229692.html (letzter Zugriff: 28.6.2022)

27 227 Umweltaktivisten wurden im Jahr 2020 ermordet – mehr als je zuvor. https://www.spiegel.de/wissenschaft/mensch/global-witness-227-umweltaktivisten-sind-im-vergangenen-jahr-ermordet-a-617b8bfa-e7e6-462f-94a2-92259f2ee398 (letzter Zugriff: 28.6.2022)

28 O du fröhliche: heimische Tomaten im Winter? https://blog.vki.at/article/o-du-fr%C3%B6hliche-heimische-tomaten-im-winter (letzter Zugriff: 28.6.2022)

29 Regionalität macht Tomaten nicht umweltfreundlicher. https://www.derstandard.at/story/2000076566259/ autor-in-regionalitaet-macht-tomaten-nicht-umweltfreundlicher (letzter Zugriff: 28.6.2022)

30 50 Jahre „Die Grenzen des Wachstums". https://clubofrome.de/die-grenzen-des-wachstums/ (letzter Zugriff: 28.6.2022)

31 VCÖ: Autobahnnetz seit 2000 deutlich größer geworden, Schienen-Netz ist geschrumpft. https://www.vcoe.at/ presse/presseaussendungen/detail/vcoe-autobahnnetz-seit-2000-deutlich-groesser-geworden-schienen-netz-ist-geschrumpft (letzter Zugriff: 28.6.2022)

32 Asphalt statt Schienen in Deutschland. https://www.tagesschau.de/inland/bahn-auto-ausbau-101.html (letzter Zugriff: 28.6.2022)

33 Was Energiearmut heißt: „Ich muss mich entscheiden: Essen oder Heizen?" https://www.moment.at/story/ energiearmut-haushalte-hilfe (letzter Zugriff: 28.6.2022)

34 Noch 840 Millionen Menschen ohne Zugang zu Strom. https://www.pv-magazine.de/2019/05/22/noch-840-millionen-menschen-ohne-zugang-zu-strom/ (letzter Zugriff: 28.6.2022)

35 Klimagerechtigkeit im öffentlichen Raum. https://wien.arbeiterkammer.at/service/veranstaltungen/ Klimagerechtigkeit_im_oeffentlichen_Raum.pdf (letzter Zugriff: 28.6.2022)

36 Klimawandel trifft die Ärmsten am härtesten. https://www.proplanta.de/agrar-nachrichten/ umwelt/klimawandel-trifft-die-aermsten-am-haertesten_article1384669989.html (letzter Zugriff: 28.6.2022)

37 1 Milliarde Tonnen Lebensmittel werden pro Jahr weltweit verschwendet. https://www.globalcitizen.org/de/content/food-waste-1-billion-tons-a-year-un-report/ (letzter Zugriff: 28.6.2022)

38 World Meteorological Organization, State of the Global Climate 2021, 2022. https://library.wmo.int/doc_num.php?explnum_id=11178 (letzter Zugriff: 27.6.2022)

39 Lenton, T. M., Rockström, J., Gaffney, O., Rahmstorf, S., Richardson, K., Steffen, W., & Schellnhuber, H. J. (2019), Climate tipping points – too risky to bet against. In: Nature, Band 575, Nr. 7784, 592–595). https://doi.org/10.1038/d41586-019-03595-0

40 IPCC (2022), Summary for Policymakers. In: Climate Change 2022: Mitigation of Climate Change. Contribution of Working Group III to the Sixth Assessment Report of the Intergovernmental Panel on Climate Change [P.R. Shukla, J. Skea, R. Slade, A. Al Khourdajie, R. van Diemen, D. McCollum, M. Pathak, S. Some, P. Vyas, R. Fradera, M. Belkacemi, A. Hasija, G. Lisboa, S. Luz, J. Malley, (Hgg.)]. Cambridge University Press. doi: 10.1017/9781009157926.001

41 Übereinkommen von Paris. https://unfccc.int/sites/default/files/resource/parisagreement_publication.pdf (letzter Zugriff: 27.6.2022)

42 An Inconvenient Truth. https://algore.com/library/an-inconvenient-truth-dvd (letzter Zugriff: 27.6.2022)

43 „Mehr als die Hälfte aller CO2-Emissionen seit 1751 wurden in den letzten 30 Jahren ausgestoßen". Institute European Environmental Policy. https://ieep.eu/news/more-than-half-of-all-co2-emissions-since-1751-emitted-in-the-last-30-years (letzter Zugriff: 27.6.2022)

44 „Vom Wasserbett zur Badewanne – Die Auswirkungen der EU-Emissionshandelsreform 2018 auf CO2-Preis, Kohleausstieg und den Ausbau der Erneuerbaren", Agora Energiewende. https://www.agora-energiewende.de/fileadmin/Projekte/2018/Reform_des_Europaeischen_Emissionshandels_2018/Agora_Energiewende_Vom_Wasserbett_zur_Badewanne_WEB.pdf (letzter Zugriff: 27.6.2022)

45 Production Gap Report. https://productiongap.org/ (letzter Zugriff: 27.6.2022)

46 Biodiversity. https://coral.org/en/coral-reefs-101/why-care-about-reefs/biodiversity/ (letzter Zugriff: 28.6.2022)

47 Emissions Gap Report. https://www.unep.org/resources/emissions-gap-report-2018 (letzter Zugriff: 27.6.2022)

48 „COP26 climate deal includes historic reference to fossil fuels but doesn't meet urgency of the crisis", CNN, 13.11.2022. https://edition.cnn.com/2021/11/13/world/cop26-agreement-final-climate-intl/index.html (letzter Zugriff: 27.6.2022)

49 Greta Thunberg full speech at UN Climate Change COP24 Conference. https://www.youtube.com/watch?v=VFkQSGyeCWg (letzter Zugriff: 27.6.2022)

50 Der Belo-Monte-Staudamm im Amazonasgebiet. https://www.pro-regenwald.de/belomonte (letzter Zugriff: 28.6.2022)

51 Georg Auernheimer (2021), Wie gesellschaftliche Güter zu privatem Reichtum werden, 30.

52 Siemens: Megastaudämme im Amazonas sind keine innovativen Energielösungen! https://www.greenpeace.ch/de/story/9586/siemens-megastaudaemme-im-amazonassind-keine-innovativen-energieloesungen/ (letzter Zugriff: 28.6.2022)

53 Ilısu-Staudamm: Ein Welterbe versinkt im Wasser. https://www.derstandard.at/story/2000110050915/ ilisu-staudamm-ein-welterbe-versinkt-im-wasser? ref=loginwall_articleredirect (letzter Zugriff: 28.6.2022)

54 Türkischer Energiebedarf wächst. https://newsv1.orf.at/ 070327-10625/?href=https%3A%2F%2Fnewsv1.orf.at%2F070327-10625%2F10632txt_story.html (letzter Zugriff: 28.6.2022)

55 Rheinmetall MAN produziert Militär-Lkw in Liesing. https://www.meinbezirk.at/wien/c-lokales/rheinmetall-man-produziert-militaer-lkw-in-liesing_a5097070 (letzter Zugriff: 28.6.2022)

56 Matthias Martin Becker (2021), Klima, Chaos, Kapital, 28.

57 „Hambi bleibt" – und RWE steht nun vor einem logistischen Problem. https://www.handelsblatt.com/ unternehmen/energie/kohleausstieg-hambi-bleibt-und-rwe-steht-nun-vor-einem-logistischen-problem/ 25439932.html (letzter Zugriff: 28.6.2022)

58 Hambi bleibt! – Zehn Jahre Waldbesetzung des Hambacher Waldes im Rheinischen Braunkohlerevier. https://www.uni-erfurt.de/forschung/aktuelles/ forschungsblog-wortmelder/hambi-bleibt (letzter Zugriff: 28.6.2022)

59 Asyl-Statistik 2021. https://www.bmi.gv.at/301/Statistiken/ files/Jahresstatistiken/Jahresstatistik_2021_v2.pdf (letzter Zugriff: 28.6.2022)

60 Morocco bans importing waste from Italy after uproar. https://www.africanews.com/2016/07/16/morocco-bans-importing-waste-from-italy-after-uproar// (letzter Zugriff: 28.6.2022)

61 Protests suspend Maroccos waste imports. https://www.elr.info/international/international-update/protests-prompt-morocco-suspend-waste-import-energy-plan (letzter Zugriff: 28.6.2022)

62 Alang, Gujarat: The World's Biggest Ship Breaking Yard & A Dangerous Environmental Time Bomb. https://www.marineinsight.com/environment/alang-gujarat-the-world%E2%80%99s-biggest-ship-breaking-yard-a-dangerous-environmental-time-bomb/ (letzter Zugriff: 28.6.2022)

63 The Plachimada Struggle against Coca-Cola in Southern India. https://www.ritimo.org/The-Plachimada-Struggle-against-Coca-Cola-in-Southern-India (letzter Zugriff: 28.6.2022)

64 Bio-Piraten: Bisher ist nur die Habgier globalisiert. https://www.arbeit-wirtschaft.at/archiv-posts/bio-piratenbisher-ist-nur-die-habgier-globalisiert/ (letzter Zugriff: 28.6.2022)

65 A lost battle: Plachimada's victims may never get Coke's compensation. https://www.thehindubusinessline.com/news/national/a-lost-battle-plachimadas-victims-may-never-get-cokes-compensation/article8206306.ece (letzter Zugriff: 28.6.2022)

66 Emmeline Pankhurst, Speech from the Dock. In: Votes for Women, 29. Oktober 1908, 1. http://bcs.bedfordstmartins.com/WebPub/history/mckay understanding1e/0312668872/Primary_Documents/Western_Civ/WC92-Emmeline%20Pankhurst_ed-ka.pdf (letzter Zugriff: 28.6.2022)

67 Johanna Dohnal (1996), Proseminar am Institut für Politikwissenschaft. https://zwanzigtausendfrauen.at/

2011/01/1974-2004-dohnal-johanna-zitate/ (letzter Zugriff: 28.6.2022)

68 Mariarosa Dalla Costa (1972), Die Frauen und der Umsturz der Gesellschaft. https://docplayer.org/1030-Mariarosa-dalla-costa-die-frauen-und-der-umsturz-der-gesellschaft.html (letzter Zugriff: 28.6.2022)

69 Silvia Federici (2012), Revolution at Point Zero, 21.

70 Juliet Mitchell (1966), Women – the Longest Revolution. https://platypus1917.org/wp-content/uploads/readings/mitchelljuliet_womenlongestrevolution_nlr40.pdf (letzter Zugriff: 28.6.2022)

71 Johanna Dohnal (2004), 15 Jahre Feministisches Frauen-gesundheitszentrum Trotula. https://zwanzigtausend frauen.at/2011/01/1974-2004-dohnal-johanna-zitate/ (letzter Zugriff: 28.6.2022)

72 Stokely Carmichael (1968): Toward Black Liberation. In: Black Fire, 122.

73 Alice Walker (1984), Die Farbe Lila, 99.

74 François-Dominique Toussaint Louverture (1863), Memoir of General Toussaint L'Ouverture. https://www.marxists.org/reference/archive/toussaint-louverture/memoir/index.htm (letzter Zugriff: 28.6.2022)

75 Malcom X (1964), Ihr oder Wir. In: Die 68er, 129.

76 Toni Morrison (1979), Sehr blaue Augen, 18.

77 James Baldwin (1964), Hundert Jahre Freiheit ohne Gleichberechtigung, 101.

78 Martin Luther King (1963), Die Revolution der Schwarzen – Warum 1963? In: Warum wir nicht warten können, 16.

79 Stokely Carmichael (1966), Was heißt Black Power? In: Die 68er, 130.

80 Bafta Sarbo (2020), Armut nicht nur bunter machen. https://www.nd-aktuell.de/artikel/1138373.rassismus-armut-nicht-nur-bunter-machen.html (letzter Zugriff: 28.6.2022)

81 Frantz Fanon (1952), Schwarze Haut, weiße Masken, 81.

82 Martin Luther King (1963), Der Sommer unseres Mißvergnügens. In: Warum wir nicht warten können, 112.

83 Jacques Le Goff (1984), Die Arbeitszeit in der Krise des 14. Jahrhunderts. In: ders., Für ein anderes Mittelalter. Zeit, Arbeit und Kultur im Europa des 5.–15. Jahrhunderts, 33.

84 Edward P. Thompson (1980), Zeit, Arbeitsdisziplin und Industriekapitalismus. In: Plebeische Kultur und moralische Ökonomie, 46.

85 Regierungsbericht (1818), Über die Lage der Kinder in den Fabriken. In: Klassenbuch 1, 110.

86 Louis Blanc (1843), Der Lyoner Arbeiteraufstand. In: Die Lyoner Arbeiteraufstände. 1831 und 1834, 60.

87 Georg Weerth (1847), Mittagessen auf dem Fabrikhof. In: Klassenbuch 1, 181.

88 Cajus Gracchus Babeuf (1797), Die Verschwörung für die Gleichheit, 60.

89 Erklärung der Pariser Kommune (1871). In: Die Pariser Kommune 1871, 141.

Dank

In diesem Buch stecken so viele Geschichten, Erzählungen und Berichte von Menschen, die mir Mut machen. Mein Dank gilt also all den mutigen Menschen, die für eine klimagerechtere Welt kämpfen und sich hier zu Wort gemeldet haben. Sie alle aufzuzählen, würde den Rahmen sprengen, weil es so viele sind, doch einige möchte ich trotzdem hervorheben: Werner Schandl, der seit Jahrzehnten in einer Bürger:inneninitiative aktiv ist, meine guten Freundinnen und Mitstreiterinnen wie Phili Kaufmann, Flo Pistolic, Rosa Mangold, Smilla Bushbom und Paula Dorten sowie den Gastautor Johannes Stangl, mit dem ich meine frühen politischen Erfahrungen geteilt habe. Und vor allem meinen mentalen Unterstützer Tobias Schweiger, ohne dessen Zutun es dieses Buch in dieser Form wohl kaum geben würde, meine wunderbare Familie, die mir immer zur Seite steht, und meinen Verlag, der dieses Buch ermöglicht hat.

Deine
Buch-
playlist

Die folgenden Lieder spielen in dem Buch – auch wenn sie nicht alle explizit erwähnt werden – eine Rolle. Egal, ob am Weg zur nächsten Demo oder Aktion, in die Schule, Arbeit oder Uni – diese Playlist soll dich begleiten. Politisch aktiv zu werden beginnt mit der Art, wie wir auf diese Welt schauen. Und vielleicht auch damit, was wir dabei hören.

„GEKOMMEN UM ZU BLEIBEN" – WIR SIND HELDEN
(Einführung und Kapitel „Lobau? Bleibt!";
unsere Besetzungshymne)

„ÖLKONZERNE" – DER TRAURIGE GÄRTNER
(Kapitel „Wie alles begann")

„DEINE SCHULD" – DIE ÄRZTE
(Kapitel „Über Freundschaft")

„PLENUM" – REVOLTE SPRINGEN
(Kapitel „Lobau? Bleibt!")

„HURRA DIE WELT GEHT UNTER" – K.I.Z.

„POWER TO THE PEOPLE" – JOHN LENNON
(Kapitel „Zwischen Schulterklopfen und Rippenbruch")

„DU SCHREIBST GESCHICHTE" – MADSEN

„BELLA CIAO" – PARTISANENLIED AUS DEM
ZWEITEN WELTKRIEG

Wenn nicht jetzt, wann dann?

Wenn nicht du, wer sonst?

Es ist Zeit für Veränderung.

Wenn du jetzt aktiv werden willst und noch nicht genau weißt, wo und wie du anfangen kannst, findest du hier ein paar Möglichkeiten, mit mir und anderen Aktivist:innen in Kontakt zu treten. Ich freue mich über deine Nachricht!

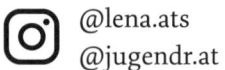 @lena.ats
@jugendr.at

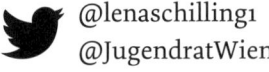 @lenaschilling1
@JugendratWien

derjugendrat.at

Why we matter

Von Kindesbeinen an zieht es Ana Milva Gomes auf die Bühne. Mit außergewöhnlichem Talent, viel harter Arbeit und unbändigem Willen erkämpft sich die Tochter kapverdischer Immigranten erfolgreich Musical-Hauptrollen in »Mamma Mia!«, »Sister Act« oder »Cats«. Doch abseits des Scheinwerferlichts stößt die sympathische Künstlerin immer wieder an die Grenzen einer monochromen Gesellschaft. Nach der Geburt ihrer Tochter und dem medienwirksamen Tod des Afroamerikaners George Floyd erkennt sie, dass ihr Auftritt politischer ist als gewollt – und beginnt, ihre eigenen schmerzvollen Erfahrungen mit Diskriminierung zu reflektieren.

Bewegend und ohne jede Anklage erzählt sie von beabsichtigtem und unbeabsichtigtem Rassismus, degradierenden Stereotypen und ihrer Verantwortung als schwarze Frau auf der Bühne – ein leidenschaftlicher Appell an die Gesellschaft für mehr Offenheit und ein bewusstes interkulturelles Miteinander.

Mit zahlreichen Abbildungen in Farbe & Spotify-Playlist mit Soundtrack zum Buch

---

Ana Milva Gomes
Look at Me
Ein schwarzes Mädchen in einer weißen Welt
Aufgezeichnet von Julia Lewandowski

256 Seiten, mit zahlreichen Abbildungen
ISBN 978-3-99050-215-0 | eISBN 978-3-903217-84-3

Amalthea   amalthea.at